相続地獄

残った家族が困らない終活入門

森永卓郎

光文社新書

はじめに

タワーマンションに暮らして高級車を乗り回しながら、「不動産と資産をたくさんもつ者こそ勝ち組だ」と息巻くオラオラ系の自称セレブがいる。そんな強がりをほざいていられるのは今のうちだけかもしれない。

日本人の平均寿命は女性が87・45歳、男性が81・41歳と、ともに80歳を突破している（２０１９年）。高度医療が発達して健康寿命が延びるにしたがって、「人生１００年時代」は現実味を帯びてきた。問題は本人が天寿をまっとうしたあと、残された配偶者や家族だ。

故人が不動産と資産をたくさんもっていたらいたで、法定相続人の間で骨肉の争いが生じる。「相続」ならぬ「争続」と言われるゆえんだ。「不動産」は生活を豊かにしてくれる金融資産だったはずなのに、「争続」のゴタゴタの中で「負動産」（不良債権）として重くのしかかってくる。しかもその地獄は、突然始まるのだ。

私自身、父の死から10カ月間にわたって「相続地獄」の泥沼をさまよい歩いた。本書はその地獄の体験を書き起こすところから始め、読者の皆さんが地獄を未然に回避するためのノウハウをあれこれ書き記した。

70歳、75歳と年齢を重ねながら、自分の寿命を見据えて計画的に行動しているつもりの読者もいるだろう。手元にあるキャッシュ（現金）や不動産を使いこなしながら、相続税対策を巧みに計算している人もいると思う。だが、人生には予測もしないことが起こる。

２０２０年２月から、全世界で新型コロナウイルス感染症が猛威を振るっている。研究者は叡智《えいち》を結集してワクチン開発に全力をあげているものの、ワクチン完成と感染症収束までは1年半から2年はかかるだろう。

たとえワクチンが完成したところで、全員に行き渡るまでには何年も時間がかかる。１日に１００万人分の生産体制を築いたとしても、１年で3億６０００万人分のワクチンを作るのが精一杯だ。世界人口は77億人だから、これではすべての人々にワクチンが行き渡るまでに20年以上かかってしまう。

１日に１０００万人分の生産体制を築けたとしても、全人口にワクチンが行き渡るまでに

2年以上を必要とする。現実的にシミュレーションすると、たとえ万能薬ができたとしても安心はできない。

新型コロナウイルスの犠牲になって亡くなるのは、多くが基礎疾患をもつ者、とりわけ体力と抵抗力が劣った高齢者だ。糖尿病で「余命半年」を宣告されたことがある私にとっても、まったく他人事ではない。ひとたび感染症の毒牙《どくが》にかかった瞬間、盤石に描いてきたはずの人生の計画は大きく狂ってしまう。

死は誰にでもいつかは必ず訪れる。交通事故かもしれないし、3大疾患（ガン、心疾患、脳卒中）かもしれないし、あるいは新型コロナが原因かもしれない。新型コロナがやっと収束したと思ったら、新たなウイルスが突然変異によって出現し、人類を脅威にさらすこともきっとあるだろう。

「ポストコロナ」（コロナ後）、「ウィズコロナ」（コロナとともに生きる）の時代を生きる皆さんに、本書を「新時代の相続の教科書」として活用していただきたい。

相続地獄

目次

ジオ収録／ゴルフより断然安上がりな週末農業／「B宝館」が生んだオタクコミュニティ／６００点の有名人サインコレクション

編集協力／荒井香織
図表制作／デザインプレイス・デマンド

第1章

「相続」は突然やってくる

「ピンピンコロリ」で逝った母

「母の脈がない。救急車で病院に向かう」

父から突然連絡が来たのは、２０００年6月27日火曜日の夜だった。当時勤めていた三和総合研究所の職場を飛び出して病院に駆けつけたときには、母の息はすでになかった。

わずか3日前の土曜日、父と母はいつものように埼玉県所沢市にある私の自宅を訪れていた。そのときには、普段と変わらず元気な様子だった。母は文字どおり「ピンピンコロリ」で逝った。医師が診断した死因は「糖尿病、低血糖に伴う心不全」だ。

土曜日に我が家を訪れたあと、母は翌日曜日に親類の法事に出かけている。それからカゼを引いて体調を崩し、亡くなるまでの2日間、母は食べ物を何も口にしていない。なのに生真面目だったせいか、食事を摂《と》れていないのに、持病である糖尿病の薬を飲み続けていた。

その薬は、血糖値を下げるためのものだ。薬を服用しながら何も食べずにいると、急激に血糖値が下がって心停止に至ることがある。医師はそう教えてくれた。その話を聞いたとき、私は母の「覚悟」に気づいた。

生前、母は「介護で家族に迷惑をかけたくない」と何度も語っていたものだ。祖母の介護負担をめぐって、母と姉妹との間では深刻な諍《いさか》いが起きた。母はそのことにひどく心を痛めていた。「自分に介護が必要になったら、家族に犠牲を強いることになる。それはどうにかして避けたい」。そう思っていたのだろう。

思えば母は、生涯に一度も大病院に行ったことがない人だった。体の調子が悪くなったときには、どんな病気でも近所の町医者だけで済ませていた。

医者からは「病院に行ったら間違いなく入院させられるね」と言われていたそうだ。少しずつ体が弱ってきていることは、傍目《はため》にも明らかにわかっていた。しかし、母は医者が命じた食事療法には決して従わず、甘いものも含めて何でも食べ、糖分の多い炭酸飲料さえ常に飲んでいた。

それだけ食べるのが好きだった母が、まったく食べ物を口にしなくなったのだ。最後の2日間は体が辛かったに違いない。月曜日に「病院に行こう」と父が提案すると「動きたくない」と拒絶し、火曜日に父が「救急車を呼ぶぞ」と迫ると、「それだけはやめて」と懇願したそうだ。

結局、父の車に乗って病院に行くことで話がまとまった。父が三宅島の火山噴火のニュースを見るため目を離したわずかなすきに、母の脈は止まっていたそうだ。

母は自分の死を予感していたのだと思う。亡くなる3日前の土曜日に我が家を訪れたとき、母はこんなことを言った。

「明日は三回忌の法要なんだけど、七回忌のときには私はいないから、これで最後なの」

死の前日には、父にこんなことまで言ったそうだ。

「お葬式にお金がいるでしょうから、銀行で下ろしてきなさいよ」

そんな母の言葉を、父は一笑に付したそうだ。

法事から帰ってきてカゼを引くまでは、誰も死ぬとはゆめゆめ思わないほど母はピンピンしていた。その母があっという間に亡くなってしまったのだ。延命治療を施そうにも施しようがなく、家族に何の心の準備もないまま母は逝った。今から思い返すと、あのときがすでに父をめぐる「相続地獄」の前哨《ぜんしょう》戦、戦いのスタートだったのだと思う。

突然増えた「お金のかかる扶養家族」

母が急逝してから、一人になった父をどうするかという喫緊《きっきん》の課題がもち上がった。

父は大正生まれの昔ながらの日本人だ。太平洋戦争では、海軍に予備学生として召集されて特攻隊員になった。１９４５年８月６日には、日本海軍の特殊潜航艇「蛟龍《こうりゅう》」に乗りこんで特攻の訓練中だった。人間魚雷は回天が有名だ。回天は、一人乗りで、ハッチを閉めると、内側から開けることはできない。一方、蛟龍は乗員５人の潜水艦で、敵艦に近づきながら魚雷を発射する。しかし、最後のそして最大の魚雷は潜水艦自身だ。父が蛟龍に乗りこんで潜行訓練を終えたあと、広島沖で浮上してハッチを開けた瞬間、目の前で原爆のキノコ雲がうずたかく上がっていた。当時、広島の空は晴れ渡っていて、散らばった金属片が空を覆い、キラキラと輝くのをずっと見ていたそうだ。

そんな父だけに、家族の誰が意見したところで聞く耳をもたない。頑固一徹を絵に描いたような男だったから、自分が納得しないことには梃子《てこ》でも動かない。自分がやりたくないことは絶対にやらない。

「男子厨房《ちゅうぼう》に入らず」を地で行くタイプだから、普段母がやっている家事なんてひとつも手伝おうとはしなかった。外へ出かけるときに靴下すら自分の手でははかず、母にはかせてもらっていたほどだ。もちろん一人で外食に出かけたり、コンビニで買ってきた弁当を食べるくらいはできる。ただ、それだけで、自分で掃除をすることもできなければ、洗濯機の使い方すら知らないのだ。

本人は「大丈夫だ。オレ一人でやっていける」と言い張っていたが、そんな父を一人で放っておけるわけがない。誰かがそばにいて、細かく面倒を見てやらなければ生活が成り立たないのは明白だった。

父の子どもは私と弟の2人だ。家族会議の末、結局父の身柄は所沢市にある我が家で引き取ることになった。

私の自宅は埼玉の田舎なので、幸い家は大きい。全部で8部屋あるため、そのうち2部屋を父に割り当てることにした。ただ、今から振り返ってみると、父を引き取るうえでの最低限のルールを決めておくべきだったと思う。

① 父にかかる生活費は、基本的に父に払わせる
② 自分が立て替えた経費はきちんと記録をつけておき、定期的に精算する

戦後、父は毎日新聞の記者を勤め上げたあと、大学で教員の仕事をしていたから、年金も支給されているし資産も十分あった。父にかかったお金は請求しても何の問題もなかったの

だが、いちいち細かく家計簿をつけず、生活費は我が家が全部負担していた。
母の死に伴って、「かなりお金のかかる扶養家族」が突然一人増えてしまったのだ。

大正生まれの父、脳出血で倒れる

私の両親が暮らしていた実家のマンションは、新宿区高田馬場にあった。所沢の我が家に引っ越してきてからも、高田馬場のマンションは引き払っていない。マンションにかかる固定資産税や水道光熱費などのランニングコストは、父の口座から引き落とされていた。

問題は、我が家に引っ越してきてからの諸経費だ。父は我が家に生活費を１円も入れてくれなかった。父が契約するインターネットの通信費、新聞代から始まり、細かい費用は全部私が払っていた。のちにかかることになる介護費用まで含めると、莫大な金額だ。

先ほどの①②のルールを守り、すべての諸経費をきちんと記録して父に払わせておけば、おそらく相続税を払わずに済んだと思う。

母が亡くなって我が家で一緒に暮らすようになってからも、父はしょっちゅう高田馬場の実家に帰っていた。何をしていたのか詳しいことは知らないが、一人でパソコンをいじったり本を読んだり、酒を飲んでいたらしい。

一人だと「ちょっと飲みすぎじゃないの」と止める人がいないため、酔いつぶれるまで徹底的に飲んでしまう。そのまま所沢の家に帰ってこなかったり、誰かが車で我が家まで送り届けてくれることも何度もあった。

父と同居し始めてから６年目の２００６年11月、警察から「お父さんが倒れました」という不穏な連絡が入った。このとき家族の誰もが「どうせまた酔いつぶれたんだろう」と呆れたものだ。ところが、そのときばかりは状況が違った。意識を失って倒れ、救急病院に搬送されたというのだ。

妻と一緒に、あわてて東京の病院に駆けつけた。脳出血だった。父は実家がある高田馬場からお隣の目白へ買い物に行き、２リットルのペットボトル入りミネラルウォーターを何本か買ってバスを待っていたらしい。バス停で突然フラフラし始め、その場に倒れこんでしまったそうだ。たまたま居合わせた人が親切な人だったため、父の体を抱きかかえて救急車を呼んでくれた。

私と妻が駆けつけたときには、父はもう意識を取り戻していた。だが、医師の診断は深刻なものだった。

「出血が脳の右半分で起きたため、言語や思考能力には障害がありません。ただし左半身はマヒしていて、リハビリをやっても普通の生活に戻るのは難しいでしょう」

緊急の治療入院を終えると、所沢の国立リハビリテーションセンターに転院してリハビリを開始した。医師の言うとおり、父の左半身はまったく動かない。なのに思考能力や言語能力は完璧なのだ。

リハビリを重ねた結果、隣に誰かが付き添っていれば、杖をつきながら２００メートルほど歩けるようになった。「これで、社会生活に復帰できるかもしれない」と思い始めた矢先、主治医から、父の退院を言い渡された。「ようやく歩けるようになったのだから、もう少しだけリハビリを続けさせてもらえませんか」という私の懇願に医師は首を横に振った。小泉純一郎政権の構造改革によって「慢性病患者の入院日数は6カ月まで」というルールに改定されたからだという。

地獄の24時間自宅介護が始まる

脳出血で倒れてから半年後、父は国立リハビリテーションセンターを退院した。病院から介護施設に移すという手もあったのだが、父は介護施設を望んでいなかった。妻も、ここまでやってきたのだから、自分が面倒を見たいと言ってくれたので、自宅介護をすることになった。父が家に戻ってから、介護を担う妻の生活は一変した。

毎朝6時に起きて、父を着替えさせて歯を磨かせる。トイレは何とか自力で行けるものの、ちょっとでもつまずくと一人では立ち上がれない。夜中にトイレに行こうとして倒れることがあったため、倒れこむ可能性があるあらゆる場所に警報ベルを設置した。ベルがけたたましく鳴るたび、妻は夜中だろうが明け方であろうが飛び起きて駆けつける。

テレビやラジオ、講演などでスケジュールがびっしり埋まっていた私は、平日は都心の事務所に泊まりこみ、睡眠時間を削って働きに働いていた。所沢の自宅に帰れるのは週末だけだ。そのため、父を介護する負担はすべて妻に覆いかぶさった。

新聞記者出身の父には職業病があった。いつも天《あま》の邪鬼《じゃく》で人の言うことを素直に聞かない。常に斜に構えて「この人はウソを言っているのではないか」「今の話には何か裏があるのではないか」という見方で物事を見る。新聞を読んでもテレビを見ていても、口を衝《つ》いて出てくるのは皮肉やうがった意見ばかりだ。

妻はとてもまっすぐな人なので、素直でない人を生理的に許せない。週末になると、自宅に戻った私は妻の愚痴の聞き役に回るようになった。

半身不随なのに運転免許証を更新しようとする父

あるとき父が突然「身体障害者手帳がほしい」と言い出した。

「なんで？」

「身障者手帳をもっていれば、美術館や博物館に安く入れる。手帳をもって美術館や博物館めぐりをするんだ」

「歩けない人がどうやってそんなことができるの？」

「そんなのは、電車に乗って一人で行けるからよい」

結局、妻が根負けして身障者手帳を取得した。だが一人で自由に歩き回れない父が、手帳を駆使して遊び回ったことは一度もない。

最も揉めたのは運転免許証の更新だ。父は自分で勝手に電話をかけて、高齢者講習の予約を取ってしまった。しかも住民票がある埼玉県所沢市ではなく、自分がもともと住んでいた東京都新宿区の高齢者講習の予約を取ったのだ。

高齢者講習は実技試験があるから、講習の修了証なんて半身不随でもらえるはずがない。地元の教習所ならまだ近いからよいが、我が家から遠く離れた東京の教習所に連れて行くのは、家族にとって大きな負担だ。

「なんで地元の教習所だといけないの？」

「本当は埼玉じゃないといけないのは知ってるけど、東京で高齢者講習の申し込みが通ったらおもしろいじゃないか」

本人はおもしろいかもしれないが、まわりにいる人間はたまったものではない。迷惑にまで考えが及ばないのだ。またしても妻の怒りは爆発した。

「要介護４」の高齢者を在宅介護できるのか

高齢者がヘルパーやデイサービスを使ったり、介護施設に入るためには、自治体から介護保険の認定を受けなければならない。認定基準は2段階の「要支援」、5段階の「要介護」がある。

「要支援」であれば、介護施設ではなく自宅で日常生活を送れる。「要介護」まで進むと、自力で歩いて買い物に出かけたり、日常生活を人の助けなしで送るのがだんだん難しくなっていく。

「要介護３」になると、食事やお風呂、トイレの際に介護士やヘルパー、あるいは家族の手を借りなければならない。「要介護４」の人を、家族が自宅で介護するのはとうてい不可能であることは常識だ。

在宅介護が始まったときから、父の状態は「要介護４」だった。父は半身不随で自力では何もできないのに、思考力は衰えていなかった。一見よさそうに思えるかもしれないが、それはそれで最悪だった。いちいち、文句を言うからだ。覚悟をもって自宅介護に進んだはずだった妻は、父とのケンカや諍いが続き、下手をすると自殺しかねないくらいまで心身ともに追い詰められていた。なのにこう言うのだ。

「今まで８年間ずっと私がお父さんの面倒を見てきたんだ。ここまでがんばったのに、今さら放り出せるもんか」

こうして１年３カ月にわたって自宅介護が続いた。この時期は本当に大変だった。私と妻２人がかりで父を湯船に入れるだけで、ものすごい体力を使い果たす。介護施設には要介護者を牽引《けんいん》する機械があるから、風呂に入れるときも負担はだいぶ軽い。人力で「要介護４」

の人を風呂に入れるのは、ほとんど不可能に近い。

ただ、この自宅介護は、思わぬ形で終わりを告げた。父に横行結腸ガンが見つかり、手術することになったのだ。手術のために入院したところ、術後の経過が良くなかったため、介護施設に入ることになったのだ。妻が望まない形で、父は介護施設の世話になることが決まった。

親の貯金が底をついてから延々とかかる介護費用

介護保険適用の老人保健施設に入ってから、費用は父の預金口座から引き落とすことになった。当時私が知っていた父の口座は、引き落としに使っていた1つのみだ。

銀行口座に入っていたお金は、父が亡くなる少し前に底をついた。さすがに費用の焦げつきはまずいと思ったため、おそるおそる父に訊《たず》ねてみた。

「ねえオヤジ、ほかに預金ないの？」

「あるよ」

「いくらあるの？」

「たくさんある」

「それって、どこの銀行？」

「わからねえな」

「じゃあ通帳はどこにあるの？」

「わからねえな」

「でもさ、このままいくと来月、もうこの施設のお金払えないよ」

「卓郎、いっぱい稼いでんだから、とりあえずお前が払っとけ」


　これが赤の他人だったら「ふざけんじゃない」と見放して終わりだ。なまじ親なので、理不尽なことを言われても絶縁するわけにもいかない。介護施設に払うお金が月額30万円、リネン代など追加費用がかかる。さらに、それ以外にインターネットの接続費用だの新聞代だの何だのを含めると、１カ月に40万～50万円もかかる。我が家はその費用を、延々と払い続ける羽目になった。

　しかも、これまたドンブリ勘定だったため、いったい父にいくら私財を投入したのか何も記録していなかった。母が亡くなってから父が死去するまでの費用は、人件費を含めたら、数千万円に達していたに違いない。

父の通夜・葬儀だけで消えた４００万円のキャッシュ

体は半身不随ではあるものの、父の頭脳は現役時代と変わらずしっかりしていた。とにかく気持ちが前向きで、死去する直前までＮＨＫラジオでイタリア語の基礎講座を勉強したり、英語の放送を聞いていたものだ。

２０１１年3月11日、東日本大震災が起きてから父の様子が急変した。介護施設のテレビで津波の生々しい映像を見て、相当なショックを受けたらしい。それまでもあまり話さなくなっていたのだが、震災後は、ずっと黙りこむようになった。そして震災後、しばらくして、とうとう父は亡くなった。

相続の七面倒くさい手続きの前に、何はともあれ通夜と葬儀を営まなければならない。親が死んだ瞬間、当人の預金口座は、即座に凍結される。通夜や葬儀代がかかるからといって、あの世に旅立ってしまった親の銀行口座から、勝手にキャッシュを引き出すことはできないのだ。

民法が改正されたおかげで、２０１９年7月から葬儀費用を親の銀行口座から引き出せるようになった。私の父が亡くなった当時は、その費用すら自分で準備しなければならなかった。とりあえず手持ちのキャッシュがなければ、葬儀すらまともに開けなかったのだ。

父は毎日新聞社を退社してから大学の専任講師を長く務めていたため、通夜の席に卒業生が大勢押しかけてドンチャン騒ぎが始まった。「故人をしのぶ」という名目で、大学のゼミの大同窓会になったのだ。

父を慕ってわざわざ来てくれた教え子に、「そろそろ宴もたけなわですので」なんて野暮なことは言えない。「今日は父の思い出を話しながら、どんどん食べて飲んでいってください」と言って、寿司だのビールだのを次々と運んでもらう。おのずと費用はかさむ。

はっきりとは覚えていないが、通夜と葬儀だけで３００万〜４００万円、あるいはもっとかかったかもしれない。

東日本大震災の直後だったこともあり、参列者からいただいた香典は被災地の復興のために全額寄付した。だから何百万円もかかった葬儀費用は、全部私が支払った（最終的に弟と折半することになったが）。

最近では僧侶を呼ばず、読《ど》経《きょう》や戒名《かいみょう》を省略する簡素な葬儀が市民権を得ている。ごくわずかな身内だけで死者を弔《とむら》う「家族葬」「直葬」も増えているそうだ。この方式であれば、棺桶代や火葬場に支払う諸経費だけで葬儀費用を20万～30万円まで抑えられる。

私のように、１００人単位の参列者を迎えるとなると話は違う。いざ親が亡くなった瞬間、１００万円単位の大きな出費が発生する可能性があることを、読者の皆さんは今から知っておいてほしい。

期限までの10カ月は一瞬 「相続地獄」第1章

父が亡くなってから、10カ月にわたって続く「相続地獄」第1章が始まった。遺産分割協議や相続税の申告は、死去から10カ月以内に完了しなければならないと法律で決まっている。10カ月というと「1年近くあるじゃないか」と思うかもしれないが、本当にあっという間だ。皮膚感覚では「一瞬」というくらいあっという間だった。

横着して申告期限の10カ月を超過すると、脱税で立件される可能性がある。私は「経済アナリスト」という肩書きでテレビやラジオに出演し、日本中で講演会をこなし、大学の教員も務めている。立場上、脱税で捕まれば職業生命に関わる。だから正直言って、とても焦った。

相続税を節税しようとは思わなかった。天から降ってきたようなお金だからだ。ただ、とにかく期限内に正確に申告しなければ、自分の身が危うくなる。そこで父の死去直後から、相続税について猛勉強を始めた。そして、なすべき仕事を片っ端からこなしていった。

不幸中の幸いと言おうか、東日本大震災と福島第一原子力発電所の事故によって、日本中に自粛ムードが漂《ただよ》っていた。講演会やイベントなどの予定は、軒並みキャンセルになった。「この10年間でこんなにスケジュール表が空いていることはない」というほど暇だったおかげで、奇しくも相続対策に全力を傾注できた。もし父が亡くなったのが２０１１年でなければ、とてもあの膨大な作業を一人でこなすことは不可能だったと思う。

以下、私が取り組んでいった膨大な作業を、覚えている限り、ご紹介しよう。

貸金庫を開けるのも一苦労

まず最初に、某銀行の高田馬場支店にある父の貸金庫を開けに行った。

父が生きている間に一緒に銀行に出かけておいたおかげで、息子の私でも代理で貸金庫を開けられるように手続きは済んでいた。話は前後するが、この手続きの段階ですでに「相続地獄」の前夜は始まっていた。今思い返しても腹が立つ事件があったのだ。

半身不随になった父が、万が一のときのために、自分の貸金庫を私も開けられるようにしてくれると言った。「それも必要かな」と思って、銀行に聞くと、父と私と二人揃って銀行に出向いての手続きが必要だという。

仕方がないので、「要介護4」の父を自家用車に乗せ、銀行まで出かけた。車イスのまま乗せられる車ではないので、自動車への乗り降りだけで大わらわだ。

ようやく銀行にたどり着くと、「貸金庫の窓口は2階にあります」と言う。「じゃあエレベーターで上がります」と言うと「ウチの銀行にエレベーターはありません」と言うではないか。

「じゃあ、悪いんですけど貸金庫の担当の人が1階に下りてきてくださいよ」

「すみませんが、それはできません」

「えっ、どういう意味ですか」

「契約者であるお父さん本人が2階に来ていただかないことには、手続きはできません」

こんなものは嫌がらせにほかならないし、もっと言うと障碍者《しょうがいしゃ》差別だとすら思う。目の前に車イスに乗った高齢の身体障碍者がいるというのに、「臨機応変」の「り」の字も見当たらない。いくら事情を説明しても言うことを聞いてもらえず、「とにかく2階に来てください」の一点張りだ。

仕方がないので、銀行員に手伝ってもらいながら私が父をおんぶして、妻が横から支えながら銀行の2階に連れていった。こうしてようやく私もカギをもらい、貸金庫を開けられるようになったのだ。

実はこれが、父の生前に私がやっておいた唯一の相続対策だった。この秘策によって起死回生を図るはずだったのだが、状況は暗転する。

特攻隊員の父が大切にしていた「軍人国債」

今でも悔やまれる。なぜあのとき、父と一緒に貸金庫の中身を確認しておかなかったのだろう。人生最大のミスに近い、あまりにも致命的なミスだった。

貸金庫というからには、キャッシュカードや通帳、印鑑や貴金属、保険証券や証書が入っていると誰もが想像する。ところが父の死後、高田馬場の銀行へ出かけて貸金庫を開けてみると、そこには金目のものはほとんど入っていなかったのだ。

貸金庫の中には、大学の卒業証書や思い出のパンフレットなど、金銭的価値がまったくないシロモノがぎっしり詰まっていた。唯一金目のものといえば、軍人国債が出てきたのは意外だった。私は現行の金融商品はだいたい知っているものの、軍人国債の現物はあのとき初めて見た。

特攻隊員だった父は、一度国のために命を捨てた身だ。だから自分が軍人だったことに強い誇りをもっていた。軍人国債には切符のような紙がついていて、それを切り取るとお金と交換してくれる。誇り高き軍人である父は、もったいないことにそれを切り取らずにずっと大事にもっていた。

軍人国債には有効期限がある。有効期限が切れたものもあったのだが、何十万円分か、まだ権利が残っているものがあった。

ちなみに、相続を申告するとき税理士に「この軍人国債も申告しなければ駄目なんですかね」と訊いたところ「とにかく金目のものは全部出してください」と言われた。だから、まだ引き換え期間の到来していない切符も含めて、すべて申告した。

貸金庫に預金通帳や不動産の権利書、証券会社の口座の残高明細書といったものが入っていれば、相続対策はほとんど一件落着の予定だった。ところが、貸金庫を開けた瞬間、「まずい。これは全然手がかりがないということだぞ……」と、明日から押し寄せる膨大な作業量を覚悟した。

銀行口座を探せ！①

母は専業主婦だったため、手持ちの資産はヘソクリ程度しかなかった。だから母が亡くなったあとの相続対策は、何の問題にもならなかった。基礎控除の額にはるかに届かなかったからだ。もちろん、私も母からの相続は一切受けていない。問題は父だ。

父が脳出血で倒れてから、高田馬場にある実家のマンションに、私は月に2〜3回足を運んでいた。そうしないと、郵便受けから郵便物があふれてしまう。その状態を放っておくと、不用心で空き巣にねらわれやすい。

郵便受けに溜まった郵便物を紙袋に入れると、実家のカギを開けて部屋に入り、ボーンとそのへんに放り投げておいた。父が亡くなったとき、それらの郵便物が部屋で山のように積み重なっていた。

実家にこもってそれらの郵便物を一つずつ開けてみることにした。その気の遠くなるような作業を経て、銀行口座が９つ、証券会社の口座が２つあることがわかった。

今はルールが変わって、銀行の全店照会（全国に散らばる本支店の横断検索）ができるようになった。２０１１年当時は、全店照会を頼んでもやってもらえなかった。私が「そちらの銀行に父の口座はありますか」と訊いても教えてもらえない。「××支店に口座がありますか」とまで訊かなければ、口座があるかどうかは教えてもらえなかった。

日本の金融機関は、地方銀行や信用金庫、信用組合まで含めると、全国に５００くらいはある。それらの金融機関に枝葉のように支店があるわけだ。１個１個しらみつぶしに、自力で全店照会するなんて物理的にできるわけがない。だから郵便物の手がかりなどを頼りに、故人がどこの金融機関と取引していたか当たりをつけなければいけなかったのだ。

銀行口座を探せ！②

口座がありそうなA銀行に相談しに行ったところ、担当者はこう言う。

「とにかくお父さんが生まれてから亡くなるまでのすべての居住地の役場から、戸籍謄本《とうほん》をもらってきてください。そして、相続人全員の同意書をもってきていただく必要があります」

相続人全員の同意書は、息子である私と弟の２人きりだから簡単だ。しかし、亡くなった父の銀行口座があるかどうか調べてもらうにあたり、なぜ過去のすべての居住地の戸籍謄本が必要なのだろう。銀行員は平然とこう言い放った。

「お父さんがどこかに隠し子を作っているかもしれないので、戸籍謄本が揃っていないと、銀行は相続人全員の同意があることを確認できないんです」

佐賀出身の父は、80年間の人生を通じて全国を飛び回っていた。「戸籍謄本を全部集めてきてください」と安易に言うが、毎日仕事をしている大人が、佐賀だの神戸だのにわざわざ出かけている暇なんてあるわけがない。それに旅費がいくらかかると思っているのだろう。

仕方がないので、父が過去に暮らしていた自治体に電話をかけた。すると、「郵便小為替と返信用封筒を同封して、役場に申請書を出してください」と言う。腹立たしいことに、この申請書が全国統一フォーマットではない。だから自治体によって、いちいち別の文書を作成しなければならないのだ。

しかも郵便のやり取りだから、１週間以内に一つの作業が終了しない。こっちは次の作業がどんどん控えて焦っているのだが、相手は役人だからスピーディに動いてくれないのだ。

銀行口座を探せ！③

相続の申告期限は、死去から10カ月以内と決まっている。作業を少しでも早く進めるため、直接足を運べる役所には極力出かけることにした。最後の最後で壁にぶつかったのは、東京都の文京区役所だ。

父はかつて文京区で暮らしていたことがある。なのに「戸籍謄本をください」と言うと「お父さんの戸籍謄本はありませんよ」と言うのだ。

「でも、確かに文京区に戸籍があったはずですよ」

「それはそうなんですけど、文京区役所は空襲で焼けましたので、そのとき焼けた戸籍の書類は残っていません」

戦争で焼けてしまったのだから、書類を出せと言っても先方もどうしようもない。文京区役所の戸籍謄本だけ抜け落ちた状態で「全部揃いました」と言って銀行にもっていったところ、銀行員が何と言ったか。

「文京区役所の書類だけ欠けてるじゃないですか」

「空襲で文京区役所が焼けたせいで、書類が残っていないんです」

「ならば、文京区役所が空襲で戸籍謄本を焼失したという証明書を取ってきてください」

どこの役場に「戸籍謄本焼失証明」なんていう書式があるというのだろうか。

文京区役所の総合相談窓口を訪れた。当然、そんな手続きをしてくれる担当部署はない。結局、何度も交渉を重ねた挙げ句に、ようやく似たような内容の文書を作ってくれることになった。


たった一つの銀行口座を開示してもらうまでに、どれほど気の遠くなるような作業を繰り返したことか。今思い返してもゾッとする。

膨大な労力をつぎこんだ結果、父の口座が次々に明らかになっていった。父の言っていたとおり、全部で数千万円の預金が出てきた。ただ、それは合計金額で、なかには残高のほとんどない口座もあった。一番残高の少なかった銀行は、７００円しかなかった。


「森永さん、この預金、どうしますか」

銀行員から訊かれた瞬間、パッと立ち上がって即答した。

「放棄します」

ふざけるのもいい加減にしてほしい。この銀行口座を開示してもらうまでに、私がどれだけ自分のお金と時間を投入したのか。たった７００円しか残っていないのだったら、最初からコソッと「１００円単位しか残っていないですよ」と耳打ちしてくれても良さそうなものだ。

持ち主不明　休眠口座で眠る７００億円

結局、判明した父の銀行口座は9つあった。

ただ、私が探し当てることができなかった口座は、ほかにもあるのかもしれない。しかし、弟が遺品整理業者に依頼し、父の遺品は今では全部処分してしまったので、これ以上新しい口座が発見される可能性はゼロだ。

10年以上取引が行われていない口座を、銀行は休眠口座へと移行する。その総額は１２００億円にのぼると言われる。口座の持ち主や遺族からの請求があれば払い戻すことが可能だが、現実に払い戻されるのは１２００億円のうち５００億円程度しかない。残りの７００億円は、政府に納付されることになっている。見つけられなければ、事実上、相続税で１００％もっていかれるのと同じことになるのだ。

今は金融庁や警察庁の締めつけが強くなったため、金融機関は新しい口座を簡単に開設してくれなくなった。振り込め詐欺が頻発するようになり、使っていない銀行口座が闇社会で売買されてしまうからだ。

昔は口座を作るのがすごく簡単だった。銀行員がノルマ達成のために「口座を作ってくださいよ」とやってきて、言われるがままに口座を開設してあげると、貯金箱などの景品をプレゼントしてくれた。父の実家にも銀行の貯金箱がたくさんあったので、おそらくつきあいで口座を開いてあげたのだろう。

父が元気だったころとは違って、今ではジャパンネット銀行や楽天銀行、ソニー銀行などネット銀行も活況を呈している。ネット銀行は口座を開設したあと、やたらと郵便物なんて送ってこない。取引の記録はネット上のログイン画面で完結する。

大和証券や丸三証券などの証券会社も、ネット上の手続きで口座を開設できる。紙の文化が残っていれば遺族の手がかりになるものの、ネットバンキングとなると遺族にとっては雲をつかむような話だ。今父が亡くなり、手がかりが何もない中であのときと同じ作業をしなければならないとすれば、実に空恐ろしい。

金目のものを探す「なんでも鑑定団」

80年の人生をまっとうした人間が残す遺品は、ハンパな量ではない。それこそ大型トラック1台分は軽くある。私は、相続税の対応にかかりきりになっていたので、遺品の整理は弟にすべて任せた。だから、私は実家の遺品整理にほとんど関与していないのだが、弟はドライな性格なので、遺品整理業者を頼んで、遺品を一気に処分してしまった。ただ一つ気になっていたことがあった。生前、父にピカソの話をしたときに、父が「卓郎、ウチにもあるぞ」と言ったのだ。平凡なサラリーマンだった父が、ピカソの本物の絵なんて買えるわけがない。そのときは「そんなもの、あるわけないだろう」と笑って聞き流したものの、死後にその話を思い出した。

なまじ新聞社で特派員をやって世界を飛び回っていた父なので、何かの間違いで政府要人か大金持ちからもらった可能性もゼロではない。遺品整理をしている弟に念のためその話をしたところ、実家の押し入れからピカソのポスターが出てきたという。確かにピカソの絵はあったのだ。

　金目のものというと、貴金属や腕時計の類が定番だ。あいにく父にはそういう趣味は一切なかった。当然、書画、骨董《こっとう》の類は出てくるはずもなかった。

軍人の家では、昔の日本刀が出てきて一定の現金になったなんて話も聞いたことがある。父は日本海軍の特攻隊員出身だが、そうした遺品も出てこなかった。

　もったいなかったのはコインセットだ。毎年、造幣局が、その年に発行したコインをプラスチックのケースに収めて販売している。父は、それを毎年のように買っていた。弟に「あのコインセットはどうしたの」と訊いたら、「そんなのバラして使っちゃったよ」と言う。使ってしまったら、1セット数百円の価値しかない。コイン商に持ち込めば、千円くらいにはなったかもしれない。ただ、弟に思い切りの良さというか、良い意味での冷酷非情さがあったおかげで、コインセットをはじめとする遺品を思い切って断捨離《だんしゃり》できた。もし私が実家マンションの遺品整理を任されていたら、いちいち細かいものが気になってまったく作業が進んでいなかったと思う。

　所沢にある私の自宅には、父が生前使っていた部屋が今も手つかずで残されている。読書家だった父は、ダーッと壁中に大量の本を並べていた。戦前に勉強していたときの教科書のような本だ。「どうせ価値はないだろうな」と思いつつ、なんとなく捨てられずにいる。

ダンボールに詰めて神保町の古書店までもっていけば、価値の高い稀《き》覯《こう》本が紛れこんでいるかもしれない。古書店の専門家が見れば「あっ。これは古書市場で30万円で出回っている本だ」とピンときても、こちらはド素人だからそんなことはわからない。もし稀覯本が混じっていても、黙って二束三文で買い叩かれるのが関の山だ。

「報酬価格は相続財産の3%」は高すぎる

相続税申告をめぐる一連の作業の中で、最後に行き詰まった最大の原因は実家のマンションだった。マンションの価格をどう計算したものか、自分ではどうにも判断がつかない部分が出てきたため、この作業はプロの税理士に依頼した。そうしなければ、とても10カ月以内のタイムリミットに間に合わなかった。

高田馬場にあった実家は、13階建てのマンションだ。道一本を挟んで駐車場があり、その駐車場の評価額がどうしてもわからなかったのだ。

建物の評価は固定資産税の評価額と同じだから、役所に行って調べればすぐわかる。問題は土地だ。土地の評価額は、路線価によって決まる。路線ごとに「ここの土地は平米××万円」と算定され、整形地（建物を建てやすい四角形の土地）だと値段はそのまま、不整形地（三角形など、いびつな形をした土地）だと何％減と細かく決まっている。

さまざまな参考書を読んで独学で勉強したものの、飛び地で、不整形地の駐車場の評価方法がわからなかったのだ。

とても自分ではできないと思った私は、「不動産以外の資産については自力で全部調べました。それらの資産を含め、ハンコだけ押して提出できるように不動産相続のための書類を作ってください」と税理士にお願いした。

税理士に書類作成を依頼した場合、一般的に報酬価格は相続財産の３％と言われる。父が残した財産は、実家マンションを含め全部で約１億円あった。案の定、私の税理士も「１億円×０・０３＝３００万円」が普通の報酬金額だと言ってきた。

彼に依頼したのは事実上、実家マンションについての複雑な算定のみだ。銀行口座を探す膨大な作業をはじめ、ほかの大部分の作業は私が自力で手がけた。なのに３００万円というのは、あまりにも高い。

「そう言われても、こっちも森永さんがやった作業を全部検証し直さなければいけませんから」

「私がやった部分の計算が間違っていると言うんですか」

「いや、間違えているとは思いません。でも、こっちも一応税理士の看板をかけて仕事をしていますので、念のため全部一から検証し直します」

結局、税理士に払った報酬は、３分の１の１００万円で済んだ。

相続財産の総額が１億円だろうと５０００万円だろうと、税理士がやる作業に大差はない。書類上の数字がケタ一つ違っているだけであって、計算式は変わらないわけだ。なのに一律３％の報酬を取ろうとするのは、どう考えてもおかしいと思う（この点は裁判を戦うときの弁護士への報酬についても共通する）。

いずれにせよ、「報酬価格は相続財産の３％です」と言われたからといって、ハイハイと黙ってお金を支払うべきではない。

最近は、実作業をベースに料金を請求する税理士法人も登場しているので、財産額の多い人は、そうしたところへ依頼する手もある。

「相続は〝争続〟」親の遺産をめぐる攻防

私の場合、父の財産の法定相続人は自分と弟の２人だけだった。子だくさんの家庭だったり、銀行員が言うようにどこかの田舎町に隠し子がいたなんてことになると、話は複雑になる。日本中（あるいは海外）に分散した法定相続人全員と面会して会議を開き、書類に印鑑をもらうのは容易ではない。

相続人が多ければ多いほど、財産の分割をめぐって親族間で揉める原因となる。「通夜の席で兄弟や親族がカネの話でケンカをし始めた」なんて醜聞《しゅうぶん》をよく聞くが、あれは実際に皆さんの身内で起きかねないのだ。

今は民法が改正されたため、生前に親の介護をした貢献分をきちんと請求できるようになっている（第３章で後述する）。父が亡くなった２０１１年当時は、民法上そういう規定がなかった。弟と相続の割合について話し合ったところ「法律上、相続はオレと兄貴で折半だ」と言う。

「法律はそうなっているかもしれないけど、オヤジはウチのカミさんが11年間ずっと介護して面倒を見てきた。いちいちオヤジに請求しなかったけど、何百万円じゃ済まないものすごいお金も突っこんでるんだぜ。それなのに折半は反則じゃないの」と文句を言った。

　妻からも意見を聞いてみた。

「私は、お金は要らない。でも弟の嫁は何もしなかったよね。私は人生を捧げるくらい、お父さんの介護をずっとやってきた。ウチの子どもたちも、ずっと介護を手伝ってきたよね。なのに今になって相続を折半なんて、いくら何でもおかしいと思わない？」

　故人が生きていたころは仲が良いように見えたのに、いざあの世へ旅立った瞬間、醜《みにく》い仲違《なかたが》いが始まる。肉親同士が罵《ののし》り合って絶縁し、二度と顔も合わせたくないほど泥沼の関係に悪化することもある。「相続は〝争続〟」と言われるゆえんだ。

　幸い、妻はお金にまったく興味がない。父の介護に11年間を捧げてきたからといって、それ相応の報酬を要求するわけでもない。

　釈然としない思いはあったものの、親の資産をめぐって弟と揉めるくらいならば、財産をスッパリ2分の1で分割してしまったほうがよい。森永家の相続は〝争続〟にはならず、父の財産は折半で一件落着となった。

介護が始まったら「金銭出納帳」をメモしておくべし

妻がお金について無欲な人間だったから、我が家は相続で揉めることがなかった。だがすべての家庭で、きれいに話がまとまるわけではない。揉めに揉めて、タイムリミットの10カ月以内に書類がまとまらない可能性もある。家庭裁判所で法廷闘争にもちこまれたら、地獄の中のさらに地獄だ。

介護施設に支払った費用、自宅介護にかかった諸経費などは、相続のときに精算が可能だ。だから、親の介護を始めた人は、あとあと揉めないように諸経費を家計簿なり会計ソフトなりできっちりつけておいたほうがよい。

我が家の場合、布団、リネン（シーツや枕カバーといった消耗品）、杖、大人用オムツなどへの出費を、普段の買い物と全部ゴチャゴチャにしてしまっていた。だから領収書も何も残っていなかった。介護のための経費がいくらかかったのか、まったくわからないのだ。

出勤簿やタイムカードをつけているわけでもないので、介護のためにどれだけ働いたかもわからない。日記帳やメモといった証拠すらなければ、いざ親族との話し合いで揉めたときに水掛け論になる。親の介護を始めた段階からきちんと記録をつけておかなければ、皆さんが投入した人件費と経費は「全損」になってしまうのだ。

我が家では、晩年の短い期間を除いて父と同居していた。厳密に言えば、父だって電気代やガス代、水道代を使い、食事だって私たちと一緒に食べている。それらの諸経費も「1カ月×万円」とざっくり決めて親から徴収しておくなり、あとでまとめて実費を徴収しておくなりすれば良かったのだ。

相続税をキャッシュで払えない人に待つ「サラ金並みの金利」

10カ月間にわたる「相続地獄」を経て、とうとうすべての書類が整い、税務署に相続税の申告をする日がやってきた。長く暗いトンネルの中を歩むような地獄の日々でもあったし、あっという間の10カ月間でもあった。

申告を済ませた結果、父の残した全遺産は基礎控除7000万円（2011年当時）を上回って課税対象となった。相続税を期日までに支払わないと、期日から2カ月までは年利7・3％、期日から2カ月以降は年利14・6％の利息がかかる。サラ金並みの恐ろしい利息だ。

我が家の場合、高田馬場のマンションはだいぶ古かったため、千数百万円の評価額にしかならなかった。これは幸いなことだった。「サラリーマン大家になる」と山っ気を出し、アパートを１棟もって家賃収入を得ていたとか、とんでもない金額のタワーマンションをもっているとなると話は違う。ポルシェやメルセデス・ベンツなど高級車のコレクターだと、それらも全部資産に計上される。

相続税は原則、キャッシュで納めなければならない。キャッシュがないからといって、あわてて親のマンションや車、金目のものを売り払おうと思ってもそうは簡単にいかない。マンションの中身が遺品だらけでゴミ屋敷のような状態なのに、不動産がポンポン売れるわけがないだろう。新型コロナウイルスショックで世界経済が悪化している今は、なおさらだ。

だが相続税の督促状は、容赦なく役所から送られてくる。手持ちのキャッシュがない人は、サラ金並みの金利がどんどん乗っかり続ける「第二の相続地獄」を味わうことになる。

幸い私には、父の相続税を支払うキャッシュが手元に十分あった。著書『年収３００万円時代を生き抜く経済学』（光文社／現在はゴマブックスから増補版が発売）が出て大ベストセラーになったのは２００３年のことだ。この本はシリーズで累計50万部近くも売れた。

「柳の下にはドジョウが2匹も3匹もいる」と言われるとおり、１冊ベストセラーが出ると、ものすごい数の出版社からオファーが殺到して「ウチからも本を出してくれ」と言われる。おもしろいことに、似たような内容の本なのに、ことごとく5万部以上売れた。全部ひっくるめると、『年収３００万円時代～』以降の出版ラッシュだけで１００万部以上の本が売れたのだ。

テレビ出演や講演会の依頼も殺到し、私の手元には潤沢なキャッシュがあった。だから難なく父の相続税をポンと支払うことができたわけだが、万人がこうできるとは限らない。

よく「介護は運」と言うが、相続も運だと思う。もし母よりも早く父が亡くなっていれば、話はだいぶ違った。そうなれば、父の財産の半額は母に相続され、残り４分の１ずつを私と弟が相続した。これなら完全に非課税だ。

父と母、どちらが先に死ぬかによって、相続にかかる手数も、お上に支払う税金の金額も全然違ってくる。そんなことを言ったって、死ぬ順番なんて人間にはコントロールできるはずもない。

運が悪ければ、青天の霹靂《へきれき》の如く突然「相続地獄」に巻きこまれ、人生の10カ月を棒に振る。挙げ句の果てに、兄弟や親族と仲違いしないとも限らない。そのうえ最終的に「３００

０万円の相続税をキャッシュでお支払いください」と言われ、家族全員がパニックに陥りかねないのだ。

「基礎控除４割削減」がもたらす「相続地獄」

２０１５年から、相続税の最高税率は50％から55％まで引き上げられた。それと同時に、基礎控除が４割も引き下げられている。これは庶民にとって深刻な事態だ。

それまでは、１回の相続で「５０００万円＋法定相続人１人当たり１０００万円」の基礎控除が認められていた。我が家の場合、法定相続人は私と弟の２人だけだから、基礎控除の総額は７０００万円だ。

法改正の結果、基礎控除は「３０００万円＋法定相続人１人当たり６００万円」へと４割も削減された。我が家のように法定相続人が２人であれば、基礎控除の総額は４２００万円だ。都心部に自宅をもっていると、預貯金と合わせて資産は４０００万円を超えることが多いため、多くの人が相続税を支払わなければいけなくなる。

賃貸住宅で暮らしており、預貯金もさほど多くなければ、資産は基礎控除の範囲内に収まるから相続税の申告をする必要はない。

我が家の場合、基礎控除７０００万円時代ではあったものの、「相続税の申告対象に引っかかるかどうか微妙だな」と直感的に思っていた。もし父の財産が基礎控除の範囲内であれば、申告なんてする必要はまったくない。私が10カ月もかけて苦労した作業なんて何もやらず、放っておけばよい。ここは天国と地獄の差だ。

生前の父は「預金はいくつもある」「ただし、どこの銀行に預金があるかは忘れた」と、あいまいなことを言っていた。実家のマンションがあるうえに、銀行口座にまとまったお金が預金されているとなると、基礎控除の７０００万円を超えてしまう可能性がある。だから私は必死で財産目録の作成に勤しんだ。

相続税の基礎控除が４割減になったことによって、高齢の親を抱える読者の皆さんには怖ろしい「相続地獄」が待っている。そのことを覚悟して、今から準備を始めてほしいのだ。

第2章

今日から始める「生前整理」

親へのリスペクトが基本

第1章で綴ったような「相続地獄」に巻きこまれないために、皆さんが今日からすぐ始められることは何だろうか。

とにもかくにも、まず第一に「リスペクト（尊敬）の念をもって親子のコミュニケーションをうまく取ってください」と言いたい。心の中では今まで育ててもらったことを感謝していても、照れくさくてなかなか親に「ありがとう」と言えるものでもない。そこを一歩踏み出して、「ありがとうね」と当たり前の一言を言うところから始めてほしい。

いきなり「オヤジって貯金いくらもってるの?」「お母さんって年金いくらもらってるんだっけ?」なんてヤブから棒にお金の話をしたら、誰だって機嫌を損ねてしまう。いきなり本題に入ろうと焦らず、本題に入るのは、一呼吸も二呼吸も置いてからにしてほしい。

「最近、親子のコミュニケーションがスムーズにいくようになってきたな」と関係が温まってきたところで、こう切り出してみてはどうか。

「森永卓郎って経済アナリスト知ってる?　よくテレビに出てるじゃん。あの人、相続のゴタゴタで大変な目に遭ったんだってさ。お父さんが亡くなったあと、10カ月間地獄だったらしいよ。人生、何が起こるかわからないよね。お父さんやお母さんも、オレたち子どもも困らないように、いざというときに備えて今から真面目な話をしておきたいんだ」

どこまでも大切なのは、人生の先輩である年長者を敬うリスペクトの感情だ。「うるさい！　ワシはまだまだ元気だ！」「お前の世話になんてならん！」と逆鱗《げきりん》に触れないよう、言葉の使い方はどこまでも丁寧に努めてほしい。そのうえで、我が家にはぶっちゃけ、どこにどういう財産があるかを聞き取り取材していくのだ。

「みずほ銀行××支店には退職金が３０００万円貯金してある」

「ゆうちょ銀行△△支店は年金の受け取り口座になっている」

といったように、金融機関と支店の名前まで特定できれば、第一段階としては御《おん》の字だ。ほとんど使っていない休眠口座まで含め、すべての銀行口座を特定するだけでも、親が亡くなったときの作業を極小化できる。

生命保険はどこの会社に入っているのか。株取引はやっているのか。その場合、証券会社はどこを使っているのか。銀行や証券会社には「金貯蓄口座（金投資口座）」と呼ばれる取引窓口もある。親が商品の先物取引やＦＸ（外国為替証拠金取引）に手を出しているのであれば、その口座の有無も聞いておこう。

重要文書は本人にしかわからない場所に隠しておくのではなく、まとめて1カ所にファイリングしてもらう。いざというとき法定相続人になる家族（配偶者や子ども）と、重要文書の置き場所を共有するようにしよう。

私の父のように銀行に貸金庫をもっているのであれば、親と一緒にそこを訪ねて、中に何が入っているのか確かめてみてほしい。

ここまでの作業を完了したうえで、もう一度「面倒くさい作業につきあってくれてありがとう。これからも末永くよろしくね。今日はおいしいものを食べに行こうよ」と心からの感謝とねぎらいの声をかける。そうすれば、親子の信頼関係は以前よりずっと深まるはずだ。

社内預金と生命保険

私の場合、父が在職中に社内預金に入っていたかどうかを確かめるために、無駄骨を折った。

父が勤めていた毎日新聞社には、社内預金の制度があった。若い人にはなじみがないかもしれないが、昔の会社は社員を相手に金融業をやっていたのだ。社内預金に給料やボーナスの一部をプールしておくと、銀行にお金を預けておくよりも高い利子をもらえる。一種の福利厚生制度であり、社員を中途退職させないための方策でもある。

父の場合、毎日新聞社の社内預金には口座が残っていなかった。でも人によっては、退職後も金利をアテにして口座に貯金を残したままだ。親がかつて上場企業や有名企業に勤めていた場合は、そういう隠し貯金があるかどうかも聞き取り取材してみてほしい。

第1章で述べたように、私の父は頑固一徹で人の言うことに耳を貸さなかったため、どこにどれだけの財産があるのか皆目わからないままこの世を去った。父の死後、生命保険の証書が一つも出てこなかったのにはいささか困惑した。ただ、11年間も父の世話に献身した私の妻によると、おそらく生命保険の契約はなかったのではないかという。生前の母と話していて、父が生命保険を好んでいなかったという話を聞いていたからだ。

ただし大多数の家庭では、誰でも何らかの生命保険に加入しているものだと思う。生命保険の保険金は、故人の死後に請求しなければもらえない。証書のありかを生前のうちに聞き取り取材しておいたうえで、親が亡くなったときには速やかに保険金をもらうようにしよう。

「我が家のファミリーヒストリー」を調査せよ

銀行口座の有無を照会するときには、父が生まれて以来すべての戸籍謄本を準備しなければならない。父は全国各地を引っ越して移動が多い人生だったため、戸籍謄本を全部集め切るのは大変な苦労をした。

子どもは、意外と自分の親の人生についてろくに知りもしないものだ。皆さんも思い当たるふしがあるだろう。親が生まれ育った家は、どんな仕事をしていてどれくらいの経済状態だったのか。これまでどんな仕事を手がけ、転職は何回してきたのか。祖父はどこの出身で、どういう人生を送ってきたのか。曽祖父までさかのぼると、「何ひとつわからない」という状態の人が大半だと思う。

ＮＨＫの『ファミリーヒストリー』という番組で、芸能人や著名人の家系図をたどり、「××家」の知られざる歴史を発掘している。あの番組をイメージしながら、自分の父や母の来し方について一度調べてみるのもよいと思う。

父が亡くなったあと、我が家の家族関係が本当のところどうだったのかを調べたことがあった。群馬県に「縁《えん》喜《ぎ》堂《どう》」という会社がある（https://engidou.net/）。ここに家系図作成を依頼すると、行政書士が全国各地の役場に問い合わせて、過去の家系図を徹底的に調べてくれるのだ。

こんなことを調べようと思ったのには、不純な動機があった。安倍昭恵さん（安倍晋三前首相夫人）のお父さんは森永製菓の社長を務めた経歴があり、森永製菓創業者の森永家と極めて関係が深い。我が家も父方の実家は、森永製菓と同じ佐賀県だ。だから、我が家の家系図を調べていった結果、安倍昭恵さんと親戚だとわかったらネタとしておもしろいと思ったのだ。

残念ながら安倍昭恵さんと我が家に縁戚関係はなかったものの、家系図を調べる中で、衝撃の事実がわかった。母方の祖母は後妻だった。私の母（後妻の娘）は「トシ」という名前なのだが、なんと母方の祖父の前妻の名前が同じ「トシ」だった。私の祖父は、先立たれて忘れられない奥さんの名前を後妻が生んだ自分の娘につけていたのだ。

この祖父については、さらに意外な事実も発覚した。

大阪・堂島は、世界で初めて先物取引がなされた先進的な経済都市だということをご存知だろうか。１７３０年、堂島に設立された「米会所」で、「米切手」（米札）という証券が売買されている。米俵の現物がないのに、切った張ったの信用取引を18世紀前半の段階でやっていたのだ。

大阪出身である私の母方の祖父は、現役時代に堂島でまさに米の先物取引をやっていたことがわかった。この事実を知ったとき「血とは怖いな」と背筋がゾクッとしたものだ。

「縁喜堂」の調査によって、我が家の家系図は江戸期までさかのぼることができた。父の隠し子は見つからなかったものの、ことによると、誰も知らない隠し子が見つかって法定相続人争いに突然参入してこないとも限らない。

昔の金持ちはお妾《めかけ》さんがいるのが当たり前だったし、艶福家《えんぷくか》には2号さんだけでなく3号さん、4号さんまでいた。親に隠し子がいた事実を知るのはショックではあるが、相続のときには隠し子の有無まできっちりと調べなければならない。生前に親からその事実を聞いておくと聞いておかないのとでは、のちにとてつもない作業量の差が出てくる。

あちこち役場に当たって、自分で家系図を作成するのはあまりにも大変だ。相続のときに苦労しないよう、今から「我が家のファミリーヒストリー」を調査しておくのはとてもよいと思う。興味がある人はぜひ「縁喜堂」に問い合わせてみてほしい。

クレジットカードとポイントカード

高齢者は、デパートの「××友の会」でお金を積み立てていることがある。我が家にもそういう積み立てがあった。12カ月毎月一定のお金を積み立てると、1カ月分オマケがついて、13カ月分の買い物券で返ってくるというシステムだ。株式投資のミニミニバージョンのような積み立てが、親の死後も惰性で残っている可能性があるから注意してほしい。

銀行口座の内容やクレジットカードの取引明細を見なければ、本人が何にお金を使っているのかはまったく把握できない。読書好きな人だと、『文藝春秋』や『世界』のような雑誌を定期購読していたりする。

俳句や詩が好きな人であれば、マイナーな同人誌を定期購読していることもある。こうした細かい支出についても、親とうまくコミュニケーションを取りながら、生前のうちに可能な限り聞き出してみてほしい。

日本政府のキャッシュレス化推進キャンペーンによって、老いも若きも当たり前のようにスマホ決済でお金を払うようになった。「ＰａｙＰａｙ」「ＬＩＮＥペイ」「メルペイ」「ファミペイ」「楽天ペイ」など、ペイ系だけで何種類も支払い方法がある。私など、スマホ決済だけで10種類も使いこなしている。

これらの利用状況や残高を把握するのは、至難の業《わざ》だ。親が決済にどんな方法を使っているのか、すべてを把握するのは難しいにせよ、「現金決済が基本らしい」「スーパーやコンビニの支払いはクレジットカードをかなり使いこなしている」「ＳｕｉｃａやＰＡＳＭＯが使える場所ではピッと支払っている」といった特徴くらいは把握しておきたい。

私は自他ともに認めるクレジットカード＆ポイントカードマニアだ。「ＬＩＮＥペイをＬＩＮＥカードのチャージ＆ペイにして、特典クーポンを併用すると、コンビニで13％引きの買い物ができる」といった裏ワザを日々研究しているため、手元には膨大なクレジットカードやポイントカードがある。

本人が亡くなったとき、面倒くさがってそれらのカードを一括解約しないほうがよい。Ｔポイントカードやローソンのポンタカード、セブンイレブンのｎａｎａｃｏカード、ビックカメラやヨドバシカメラといった家電量販店の会員カードなどに、数千円分のポイントが残っている可能性があるからだ。しょっちゅう電車に乗る人だと、ＳｕｉｃａやＰＡＳＭＯに１万円以上もチャージが残っていることも多い。

ＪＡＬやＡＮＡのマイレージは、本人が亡くなっても配偶者や法定相続人に相続できる。私のように講演会やメディア出演でしょっちゅう飛行機に乗り、なおかつ「陸マイラー」としてショッピングマイルを貯めこんでいる人だと、数十万マイルにものぼる。マイルを別の電子マネーに変換してコンビニで使うのもよいし、数十万マイルもあれば、特典航空券を予約して海外旅行に何度も行ける。

ポイントやマイルを甘く見るなかれ。親の財布の中に、何十万円分ものヘソクリが隠れていることを知っておこう。

ＮＴＴの電話加入権

１９９０年代半ばまで、ＮＴＴの電話加入権は７万５０００円で売られていた。携帯電話がない時代は、固定電話は必須の通信インフラだった。学生寮に住んでいる人であれば、寮の電話を緊急連絡先の窓口にすることもできた。でもみんながその電話を使っているから、長い時間専有するわけにもいかない。

オフィスを構える人にとっては、職場に電話番号がないなんてことは考えられなかった。

職場に机と黒電話を置き、名刺に電話番号を印刷するところから仕事が始まったわけだ。

90年代半ばからポケットベルやＰＨＳ、携帯電話が普及するようになると、固定電話が必須の生活インフラではなくなっていった。電話加入権はたちまち値崩れし、便利屋で安く買い叩かれるようになる。

新たに電話回線を開設するときは、ＮＴＴの担当者から「もし回線を閉じるときは、こちらで買い取らせていただきます。電話加入権は財産ですから」と説明を受けたものだ。ところが今や、当時７万５０００円もした電話加入権には１円の価値もない。しかも回線を止めてから10年間放っておくと、権利は自動的に失効してしまうのだ。

親が事業をやっていると、実家の固定電話以外に、複数の電話回線が生きていることがある。電話を開通させるときはバカ高いお金を払ったのに、解約するときには１円も戻ってこない。理不尽としか言いようがないが、現実がそうなのだから仕方ない。

親が携帯電話をもっているのなら、いっそ思い切って実家の固定電話を止めてしまうのもよいかもしれない。そうすれば月々消えていく基本料金と通話料をバッサリ減らすことができる。固定電話は振り込め詐欺の温床になっているから、詐欺防止にも有効だ。

私の場合、父が亡くなったとき電話加入権は相続の財産リストにはカウントされなかった。

NTTに連絡を取って、回線を止めてそれでおしまいだ。皆さんの場合も、事業家だった親が5つも6つも休眠中の電話回線をもっていたとしても、資産価値はゼロだと認識してほしい。ならば、いっそのこと固定電話は止めて携帯電話だけを使うようにすればよいのだ。

自家用車&バイクの断捨離

都心部で暮らす人は、電車やバス、タクシーが簡単に利用できるので、マイカーを所有していない人が多い。一方、田舎では、自家用車を1人1台もっているのは常識だ。農業をやっている人だと、自家用車以外に軽トラやトラクターをもっていたりもする。

少数派だとは思うが、高級車を何台も所有して乗りこなす道楽人もいる。若いころからバイクが大好きで、ハーレーダビッドソンを複数台所有する高齢者もいるだろう。

ろくに乗りもしない自動車やバイクを放置していると、自動車税や軽自動車税、自動車重量税といった税金が毎年徴収される。親がもつ車両の登録書類は、生前のうちにぜひ置き場所を教えてもらおう。

私の父は、脳出血で倒れた段階で車の運転は不可能になった。半身不随から回復する見込みがなかったのだから当然だ。父の場合、体は不自由になったものの思考能力は１００％生きていた。だから話し合いの末、運転する予定のない自家用車は生前のうちに売却してしまった。

ただし父の場合「治ったらまた車を買うからな」と言って、車に乗る気満々だった。

「わかった。体が前みたいに動くようになったら、また車を買ってどこでも自由に出かけたらいいよ。それまでリハビリをがんばろうね」

皆さんもそう言って励ましながら、円満に車を手放すようにすればよい。

蔵や物置きに隠された骨董品

テレビ東京の『開運！なんでも鑑定団』という番組を見ていると、親や先祖が残した絵や骨董、焼き物がこれでもかと発掘されておもしろい。買った本人は「大変な価値がある」と言われて１００万円出したものの、ただのバッタ物で３０００円の価値しかなかった、なんて笑い話も多い。でも中には、５００万円、８００万円というものすごい鑑定結果が出てびっくりすることもある。素人の目では、価値はなかなか判別がつかないものだ。

田舎の大きな家だと、蔵の中に先祖代々伝わってきた謎のお宝が山ほど眠っていることもある。これは推測だが、ほとんどの場合、蔵の中身なんて税務当局に申告していないのではなかろうか。骨董品を一つ残らず厳密に完璧に管理しているのなんて、徳川家や細川家くらいだと思う。

もし明らかに自分の親が絵や骨董品のコレクターだということがわかっていれば、価値がある逸品だけでも、いくらのシロモノなのか訊いておいたほうがよい。死後に売却してよいものなのか、はたまたどこかの美術館に寄付してほしいのか、親の意向を丁寧に訊ねておこう。

当然のことながら、まかり間違って棟方《むなかた》志《し》功《こう》の真筆が遺品の山から出てきてしまったりすると、巨額の税金が発生する。「こんなものガラクタの山だろ」とバカにして古物商に処分を丸投げすると、何百万円もの価値がある貴重品をドブに捨てることになる。コレクターを親にもつ読者は、慎重に事に当たってほしい。

ミニカー、オモチャ、古本、切手

第6章で詳述するが、私は埼玉県所沢市に「B宝館」という私設博物館を建設した。グリコのお菓子についてくる食玩《しょくがん》（オモチャ）や歴代コカ・コーラの空き缶など、50年間にわたって収集してきた膨大なコレクションを展示する施設だ。メインのミニカーを中心に、12万点が常設展示されている。

テレビ番組の企画で、丸1日かけて「B宝館」の所蔵品を全館査定したことがある。鑑定士と弁護士が2人でやって来て、夜になって「作業が終わりました」と言われた。

「全部でいくらですか？」

「引き取り料別で２００万円から４００万円ですね」

「引き取り料っていくらかかるんですか」

「まあ、２００万円から４００万円ですね」

「ええっ⁉　ということは、B宝館のお宝は資産価値ゼロだって言いたいわけですか」

「そうです」

鑑定士からそう言われて呆然としていると、弁護士が横から口を出して憎たらしいことを言われた。

「森永さん、良かったじゃないですか。これ、1円も相続税はかかりませんよ」

資産価値がないガラクタと判定されれば、私が死んだあと残された家族に税金の支払い義務は生じない。資産価値があるのは、お宝を収蔵する「B宝館」の土地と建物のみだ。

私が集めてきたミニカーのコレクションについては、メーカーであるタカラトミーすら保有していないものも多い。ミニカーマニアの間では、「B宝館」で展示されている逸品は垂《すい》涎《ぜん》の的だ。

レア物のミニカーについては少しだけ資産価値があるものの、空き缶や紙コップ、アイスクリームの空き箱といったものは産業廃棄物扱いになる。だから「それをぜひ譲ってください」という好事家《こうずか》が現れない限り、処分するときには一般ゴミとしては捨てられず、産廃の処理費用がかかる。その費用を合算すると、「B宝館」の展示物は資産価値がプラスマイナスゼロだというのだ。

皆さんの親の中にも、いつのものだかわからないブリキのオモチャや、戦前に発刊された田河水泡《たがわすいほう》『のらくろ』の初版本をもっている人もいるかもしれない。そうしたお宝は金銭的価値があるのだから、「オヤジのコレクションってすごいよね」とおだてながら、コレクションのいわれを聞き取り取材してみるとよいだろう。

切手コレクターとして、古い切手をたくさんアルバムにファイリングしているマニアもいる。私が以前古物商から聞いたところによると、悲しいことに昭和30年代以降の切手は、今や全部額面割れなのだそうだ。きれいに保管してある古い10円切手は、１００円や２００円では売れない。額面割れで売却するくらいなら、古い10円切手を普通に使ってしまったほうがマシなのだ。

ここまで本書を読んできた皆さんには、親の所有物の整理とは、盆や正月に帰ったときだけではとうてい終わらないことがよくわかると思う。相当な労力を要する膨大な仕事だからといって、面倒くさがって何もしないよりは、とりあえず今からできることを始めたほうがよい。

本書第2章を読みながら、親が逝ってしまう「Xデー」に備えて「子どもである自分がやるべきこと」をリストアップし、できることから手をつけてほしい（宝の山を現金化するための具体的な方法については、本書第４章で詳しくご紹介しよう）。

親の介護にかかる人件費と経費

本書第2章を通じて、親が所有していると思しき財産についてあれこれ述べてきた。皆さんが「相続地獄」を避けるために大切な基本の基は、まず第一に「親の財産目録を確定させること」だ。目録と言うほど見た目が立派でなくてもよい。リストやメモを作って、すぐにわかるように1カ所にファイリングしておこう。

第二に、親の介護についてこちらが負担した人件費と経費をきちんと記録し、領収書が取れるものはスクラップブックや台帳に貼りつけておく。人件費については「99年5月10日、午前7時起床。午前7時半〜8時朝食。正午〜12時半昼食。午後6時半〜7時夕食」といった日記調のメモでもかまわない。介護にかかった経費を証明する書類やメモが何もなければ、遺産相続の分配で揉めたときに、1円ももらえなくなってしまう。

こちらが立て替えている人件費や経費を証明できれば、親が亡くなったあとはかの法定相続人（たとえば兄弟）との話し合いの道具に使える。我が家の場合、父には人件費を含めれば、数千万円ものお金を貸していたことになる。その分は本来「返金してほしい」と主張できたわけだが、証拠が何も残っていなかったため、主張のしようがなかった。

日記や家計簿を細かくつける習慣がある人なら、「寝る前に日々の行動を記録しておこうね」と言われなくても普段からやっているものだ。いざ介護が始まると、朝から晩まで戦争のように忙しい。夜中に叩き起こされてぐっすり眠れないことなんてざらだし、てんやわんやでワケがわからないうちに毎日が過ぎていく。だからどうしても、行動記録や領収書の管理がいい加減になってしまう。

親が死んでから「あれ、私ってお父さんの介護にものすごいお金と労力を使ってきたよね」と気づき、あわてて実費を請求しようと思ってもとても間に合わない。親に介護が必要になって面倒を見始めたなら、その瞬間からきちんと記録をつけよう。そうしなければ、あとで経費を精算するどころか、税金だけゴソッともっていかれる羽目になるのだ。「相続の準備は親が死ぬ前から始めよう」。これが基本だ。

大原則は、介護に必要なお金は本人の貯金や年金から払わせる。介護施設に頼らず自宅介護するのであれば、必要経費くらいは親に自腹を切ってもらう。肉親のことだからといって、お金の取り扱いについてナアナアで済ませないほうがよい。そこをウヤムヤにするせいで、あとで兄弟や親族と骨肉の争いになったら最悪ではないか。

おそらく子どもを1人、20歳まで育てるよりも、年寄りを死ぬまで面倒見るほうが多くのお金がかかる。たとえそこそこ家計に余裕があるとしても、敢えてビジネスライクに割り切って、お金のことはきちんとけじめをつけたほうがよいと私は思う。

来るべき介護について語る家族会議

皆さんの親がまだ元気はつらつとしているのならば、今から将来について家族会議を開いておいたほうがよい。

親の介護が必要になったとき、自宅介護を基本として子どもに面倒を見てもらうのか、施設に入るのか。介護施設に入るなら、実家の近くがよいのか。あるいは子どもが暮らす都心部に近い施設のほうがよいのか。終《つい》の棲家《すみか》をどこにしたいのか、親の希望をヒアリングしてみてほしい。

「実家近くの特養（特別養護老人ホーム）かサ高住（サービス付き高齢者住宅）に入りたい」と希望したところで、入居希望者が大挙して行列を作っていれば、簡単には順番が回ってこない。

終身で（亡くなる瞬間まで）責任をもって面倒を見てくれる特養に入りたがる人は多いから、特養待ちのウェイティングリストはいつも大行列だ。わかりやすく言うと、誰か入居者が亡くならない限り、特養に空き部屋は出ない。保育所の待機児童が社会問題になっているが、実は待機高齢者のほうがはるかに多いのだ。

希望どおりの介護施設が見つかったとしても、そこに入るためのお金が手元になければ、入居は難しい。人間味あふれるケアマネージャーと出会えるかどうか、という相性の問題もある。

1カ月40万円のゴージャス介護施設

父は最初、埼玉県所沢市の自宅近所にある介護施設に入っていた。すると「こんな田舎の介護施設、オレは嫌だ。都心がよい」と文句を言う。

そこで東京都心の介護施設へ見学に出かけた。父が入っていた所沢の施設は、壁がペンキで白く塗られていていかにも地味そのものだ。都心の介護施設は、壁にウォールナット材を使っていて、毛足の長いじゅうたんも敷き詰められている。天井にはシャンデリアまで下がっていて、ゴージャスだった。父はそういう星付きホテルのような施設に入りたがっていたのだ。

だがそんな施設は、毎月の負担額が40万円もかかる。よほどの資産家でもない限り、年金と貯金だけではとてもこんな施設には入れない。ただ、当時私は1日20時間労働をしていてかなり稼いでいたため、40万円の月額負担は自腹で払えた。「父が入りたいと言うならここに入れちゃうか」。そう思って、施設に訊いた。

「ところで入居金は、月々の支払いとは別にかかるんですか」

「入居金は別途かかります」

「おいくらですか」

「1億円です」

内心「何を言っているんだ」と呆れながら、さらに訊いてみた。

「たとえば1億円払って、父を今日からこの施設に入れるとしますよね。明日死んじゃった場合、その1億円ってどうなるんですか」

「もちろんお返ししますよ。ただし入居から1日後に亡くなった場合は、手数料で30%引かせていただきます」

「つまり入居から1日で亡くなった場合、1泊3000万円ということですか」

「うーん。まあ、計算上はそうですね」

たとえ金持ちだとしても、悩みどころだ。それにこの施設に父を入れてしまったら、所沢の田舎から面会に出かけるのは容易ではない。毎日なんてとても無理だ。結局、その施設に父を入れるのはやめた。

介護施設は上から下まで千差万別だ。金銭的に、上限どのくらいまでなら自腹を切って負担してあげられるのか。どうすれば親の希望を最大限かなえてあげられるのか。人生の終着駅で誤って下車しないよう、親子で血の通った対話に努めてほしい。

超格安の公営墓地

お墓問題は、みんなが困る厄介な課題だ。夫の実家と妻の実家の地域が異なり、それぞれ先祖代々の墓があったりすると、最終的に誰が墓の管理をするのかという問題が生じる。墓仕舞いはデリケートな問題だし、すべての親族に了解を取らず勝手に墓を掘り返したら大変な問題になる。

２０００年に母が亡くなったとき、森永家の墓はまだなかった。私は長男なので、埼玉県所沢市の自宅から簡単に通える墓はないかと探してみた。すると小さな墓でも３５０万円から５００万円はする。これではちょっと高すぎるし、所沢だと弟の家からは遠すぎる。「困ったな」と思いながら、母のお骨はしばらくそのまま自宅に置いておいた。

あるとき、東京都の郊外に「小平霊園」という都営霊園があることを知った。そこは身寄りがなくなったお墓が無縁仏になると、無縁仏を集めて１カ所に合同葬したうえで、空いたお墓を再募集するのだ。

そこにダメ元で申しこんだところ、何百倍というものすごい倍率にもかかわらず、奇跡的に当たった。都営の墓地だから、墓石込みでたった40万円で済んだ。民間のお墓と比べて、１ケタ安く済んだのだ。東京郊外なら、私も弟も墓参りに行くのに大きな負担はない。

しかも「小平霊園」のすごいところは、墓の真ん前まで車で入っていけることだ。バケツに水をくんで車の後ろに積んで、そのまま墓の近くまで走っていけるのだ。重い荷物をもって広大な墓地をずっと歩くのは、中高年世代にとってはしんどい。車で行けるのなら大助かりだ。

ただ、同じ都営霊園でも、都立青山霊園のような都心の一等地だと、墓石代を含まない区画使用料が４００万円から１０００万円と、とてつもなく高くなる。管理費は年間数千円で変わらないのだが、地価が高い分だけ、都心の墓地の区画使用料は高いのだ。これが民間墓地だと、青山で８０００万円という墓地もあると聞いたことがある。

よっぽど税金対策でお金を使わなければいけない人か、スーパーセレブでない限り、このような墓に家族が入ることはない。だが３００万円とか５００万円であれば、「親のためなら出してもよいかな」と心が揺らぐ。

経験上、私は断固として「お墓は公営に限る」と言いたい。死者を悼《いた》む気持ちとお金は関係ない。40万円払おうが４００万円払おうが、１年に一度も墓参りに行かず、お墓のことなんて心の片隅にもないようでは死者は浮かばれない。

公営墓地は宗派を問わないから、親が仏教で、自分は無宗教であっても問題ない。親の墓を特定のお寺が管理していれば、別の宗教を信じる子どもが寺に供養料を支払うのに強い抵抗がある。あらゆる意味で公営墓地は好都合なのだ。

私のようにどちらかの親が先に逝き、もう一人の親はまだ元気なのであれば、公営墓地の空きをねらってしぶとく応募し続けるとよいと思う。

暦年贈与信託と住宅資金贈与

第4章でも詳しく触れるが、「親が生きているうちに生前贈与を進めておくべきか」という点について簡単に触れたい。

生前贈与が有利になるケースは、とても限られている。贈与税の非課税限度は、年間110万円が上限と決まっている。だが、親から毎年110万円ずつお小遣いをもらって自分の口座に貯金していると、これが非課税の生前贈与であると税務署が認めないことがけっこうある。贈与は貯金するためのものではなく、あくまでも生活費や教育費に充てるためのものでなければならないからだ。

私が知っている確実な例は、三菱UFJ信託銀行がやっている「暦年贈与信託　おくるしあわせ」というサービスだ。銀行が法律の要件を満たす形で、年間110万円の非課税限度の範囲内でお金を贈与してくれる。親が十分な資産をもっているのであれば、こういうサービスを利用して、今から少しずつ生前贈与を始めるのもよい。

「住宅資金贈与」という生前贈与の制度もある。子どもの住宅を親が購入してあげるとき、上限２５００万円までは非課税で渡せるのだ。ためしに息子に「こっち（所沢市）に越してくるんだったら、住宅資金贈与を使って少し資金を出してあげようか」ともちかけたところ、「田舎は嫌だ」と速攻で断られた。

暦年贈与信託や住宅資金贈与のような確実な手段は例外として、多くの人にとって生前贈与を敢えてやるメリットはない。生前贈与したところで、控除が利かない範囲は贈与税がもろに覆いかぶさってくるからだ。

「人生１００年時代」の将来設計

少子化社会だけに、子どもが一人もおらず夫婦2人きりで暮らしている世帯も多い。夫が先に亡くなり、配偶者である妻が財産を相続したあと、未亡人である妻が亡くなったときに残りの財産はどうなるのか。不動産や預貯金などかなりの財産が残っていたとしても、生前に養子でもとらない限り、我が子には相続のしようがない。

「いよいよ自分にもお迎えが来そうだ」と思ったとき、残りの財産は「あしなが育英会」のような団体にドーンと寄付するよう遺言書を残すのか。遺言を残す時間すらないまま逝ってしまえば、持ち主不明になった財産は国に没収されてしまう。

「国に取られるくらいなら寄付したほうがマシだ」と思っても、ここの判断は非常に難しい。なにしろ「人生100年時代」だから、85歳、90歳だとしても、これからあと何年生きられるのかは誰にも予測がつかない。

国立社会保障・人口問題研究所が発表している「将来生命表」というデータを見ると、女性が100歳まで生き残る確率はなんと20％もある。80歳から20年間介護施設に入ることを考えると、けっこうなお金がかかる。不動産を処分したり、預貯金から資金を引き出しているうちに、最晩年になってお金が足りなくなることは十分ありうる。

我が家の場合、父を介護施設に入れてからかかったお金は年間360万円だ。これが4～5年続いたとしても、我が家はもちこたえることができた。だが入居が10年続くとなると、支出は3600万円だ。ほかにもろもろかかる関連の諸経費を含めれば、10年間で5000万円の出費を覚悟しなければならない。

総額5000万円の出費となると、さすがに私と妻の老後にも影響してくる。5000万円あれば、都心の高級マンション1戸を新たに買える。100歳まで長生きしてその施設に20年いられた日には、総額1億円が必要になる。これはさすがに耐えられないだろう。

もちろん口では「いつまでも元気で長生きしてね」と優しい言葉をかけるものの、現実に親がものすごく長生きしたときに、親と自分の「人生１００年時代」をどうやってバランスさせていくのか。いつかやってくる「他人事」ではなく、いつでも起こりうる「我が事」として、今日から真剣に考え始めてほしい。

第3章

ここがおかしい相続税

相続税の大改正

２０１５年１月、相続税法改正による大転換が起きた。基礎控除の金額（相続税がかかるかどうかを分けるボーダーライン）が、一気に４割も引き下げられたことから、多くの人に、相続税の問題が降りかかってきたのだ。

２０１４年以前に亡くなった人とそうでない人とでは、基礎控除の金額に雲泥の差がある。旧制度では、基礎控除は５０００万円＋法定相続人１人当たり１０００万円だった。法定相続人が妻（配偶者）＋２人の子どもであれば、総額８０００万円の基礎控除が認められたのだ。不動産（自宅の土地と建物）の公定価格と預貯金を合わせて６０００万円とか７０００万円であれば、相続税を１円も支払うことなく遺産を分割することができた。

２０１５年１月１日以降に亡くなった人は、基礎控除の金額は、３０００万円＋法定相続人１人当たり６００万円だ。法定相続人が妻（配偶者）＋２人の子どもであれば、総額４８００万円しか基礎控除が認められなくなってしまったのだ（**図表１**）。

相続税法の改正以前は、多くの人にとって相続税なんていうものは無縁だった。ごく一部

図表１　相続税法改正後の遺産にかかわる基礎控除

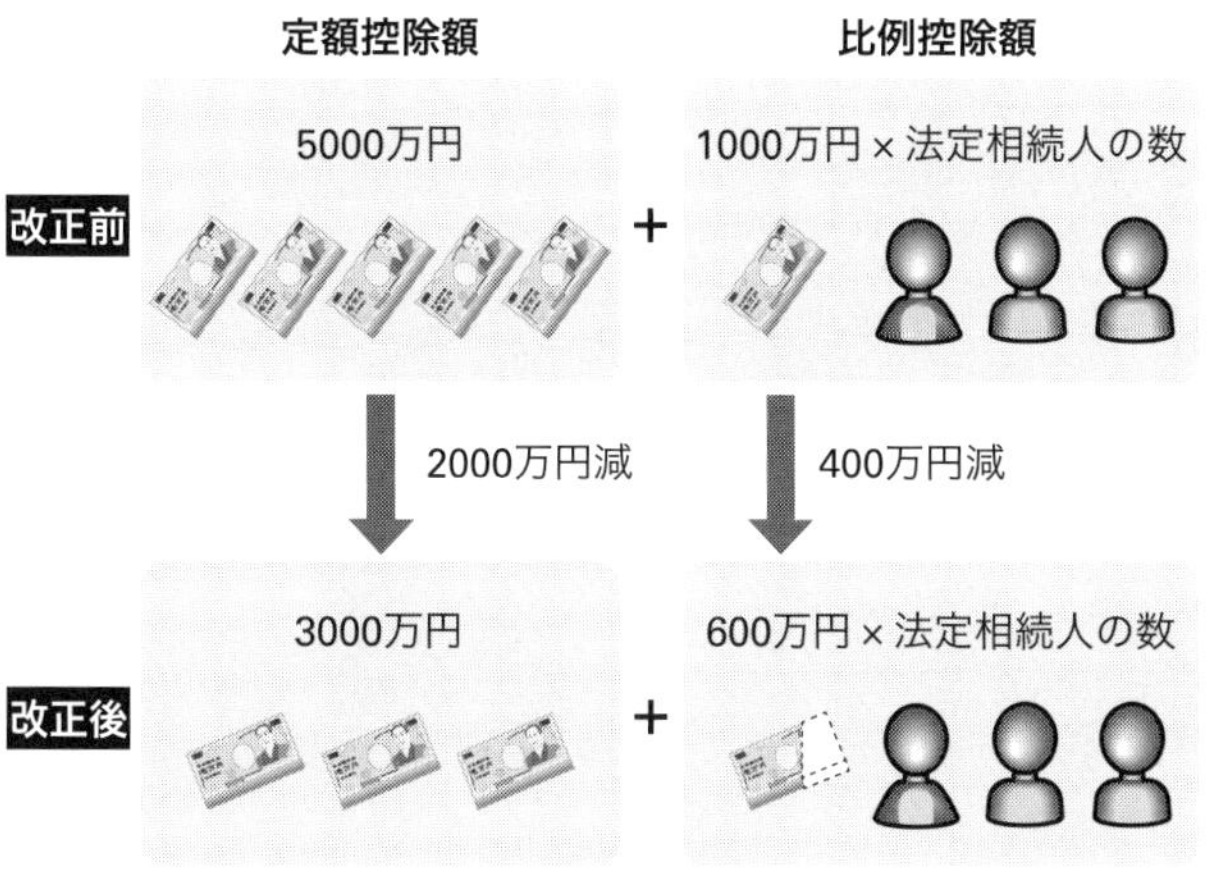

の富裕層だけにかけられる税金だったのだ。

ところが民主党政権時代の相続税増税で、東京の都心部に自宅をもっているような人には軒並み相続税がかかるようになった。相続税を支払うケースは、相続税法改正前は全体の４％程度だったが、改正後は６％まで増えた。地価が高い東京都心に住む人は、人口の２割が該当するという試算もある。

「ウチは金持ちじゃないから、相続税なんて関係ない」と高をくくっている人も、意外と対象者だったりするかもしれない。一人っ子の家庭であれば、父も母も亡くなってしまったとき、相続税の基礎控除は３６００万円までだ。

相続税支払いを丸ごと免除されるかどうか

は、親が亡くなってからのあなたの10カ月を天国と地獄に分ける。親が果たして総額でどれだけの資産をもっているのか、平時の今からきっちりソロバンをはじいておく必要があるのだ。

報われるようになった「長男の嫁」

２０１９年から、40年ぶりに民法の大改正が行われ、相続関連でも大きな変化があった。２０１９年７月に施行されたのが、相続における「特別の寄与」制度だ。

旧制度では、たとえ亡くなった親の介護にどれだけ心血を注いで貢献しようが、その対価は相続には反映されなかった。また、配偶者や子どもなど法定相続人以外の親族が介護に従事しても、その人の貢献度は金銭的にはまったく認められなかったのだ。

我が家の場合、血のつながりが直接ない「長男の嫁」が義父の世話を11年間にわたって続けた。２０１９年７月からは、「長男の嫁」が介護に費やした人件費や経費を計上して、法定相続人（息子や娘）に請求できるようになった。

ただし、たとえ法的に「特別の寄与」が認められるからといって、ここは親族間で揉めないわけがない。なにしろ親の介護をやっていない人間は、現場で何が起きているのか想像すらつかないからだ。

介護していない人間は「たいしたことないだろう。親の世話なんて、炊事・洗濯・掃除といった家事の延長程度だ」と甘く見ている。だが実際には、子育てとは比較にならないほど肉体的・精神的負担がかかる。

体重60～70キロの大人を抱きかかえて車イスに乗せるだけで、どれだけ消耗することか。重い体を支えるたび、腰や肩に深刻なダメージが蓄積されていく。

体の不自由な親が深夜にトイレに行こうとして、廊下で転んで起き上がれなくなることだってしょっちゅうだ。異変をすぐ察知できるように親が寝ている隣の部屋で眠り、物音がしたときには飛び起きて救出する。そんな日々を送っていれば、睡眠が浅くなって疲労がどんどん溜まっていく。

日中に映画館に出かけたり、旅行に出かけることなんてとてもできず、親が生きている限り介護に24時間３６５日を捧げる人生になる。

親の介護をしている人は、ご自身が介護ホームでヘルパーとして働いていることをイメージしてみていただきたい。食事の準備や買い出し、トイレやお風呂の介助にかかった実働時間はどのくらいあるのか。メモや日記など何らかの記録をちゃんと残しておき、時給換算で実働いくら分の働きになるか、あとで数字として出せるようにしておこう。

妻に「ウチのオヤジの介護のために11年間かかったコストって、正直言っていくらだと思う？」と訊いたら、おそらく妻は「５０００万円かな」と言うだろう。経費込みで年間５００万円を高いと見るか安いと見るか。

24時間３６５日専属のホームヘルパーやベビーシッター、家政婦を雇えば、コストはそんなものでは済まない。はたから見ると「なんだ、この強欲ババアは」と思われるかもしれないが、それは決して不当な請求額ではないのだ。

「配偶者居住権」とは

民法改正によって、２０２０年４月１日から「配偶者居住権」が認められるようになった。夫が亡くなり、妻と子ども２人に残された財産をどう分割するかについて、具体的にシミュレーションしていこう。

ケース①　夫が自宅（２０００万円相当）＋預貯金２０００万円を残したとする。合わせて４０００万円だから、相続税の基礎控除（３０００万円＋６００万円×３）の範囲内だ。法定どおり、遺産の50％は配偶者である妻、残り50％を子ども２人で分ける。妻の取り分は２０００万円、子どもの取り分はそれぞれ１０００万円ずつだ。

妻が引き続き自宅に住み続けるために、自宅を相続することにすれば、預貯金は１円も相続できない。これでは生活費が足りなくなって困ってしまう。

一方、自宅も預貯金も、妻と子どもたちで半分ずつ相続することにすると、子どもたちは、母親が住んでいて、実際には使用できない家を相続することになってしまう（**図表２**）。

ケース②　夫が自宅（２５００万円相当）＋預貯金１５００万円を残したとしよう。合わせて４０００万円だから、これも相続税の基礎控除（３０００万円＋６００万円×３）の範囲内だ。自宅の評価額が財産全体の半分以上だと、妻が自宅を相続して住み続けようとしたとき、妻はもらいすぎになってしまう。

子どもから「オレたちがもらえるのはオヤジの遺産の25％ずつと決まっている。母さんがもらいすぎる５００万円分は、オレたちに２５０万円ずつキャッシュで渡してくれ」と迫られたとしよう。５００万円を渡せと言われたところで、高齢の母はそんな余剰金なんてもってはいない。

結果的に家を処分するしかなくなり、未亡人となった高齢の母は突然住みかを失ってしまう（**図表３**）。

長年住んできた家なのに、夫が亡くなっただけで妻が追い出されるのは、いくらなんでもあまりにひどいのではないか――。このような声が沸き上がり、民法改正で「配偶者居住権」が新設された。

これにより、「家から突然妻が追い出される」という非人道的事態を防ぎ、妻は今後も自宅に住み続けることができる。自宅の資産価値については「負担付き所有権」という名目で子どもたちにも割り振り、「妻が自宅に住み続けつつ、夫が残したキャッシュを子どもたちと分割して相続する」ことが認められるようになった（**図表４**）。

なお付言すると、居住権をいくらと評価するのかは素人では容易に判断がつかない。自宅が築何年なのか、老朽化の具合はどうなのか、木造なのか、鉄筋なのかによって評価額は異なってくる。計算式が難しいため、素人には容易には計算できない。

図表 2　民法改正前のケース①

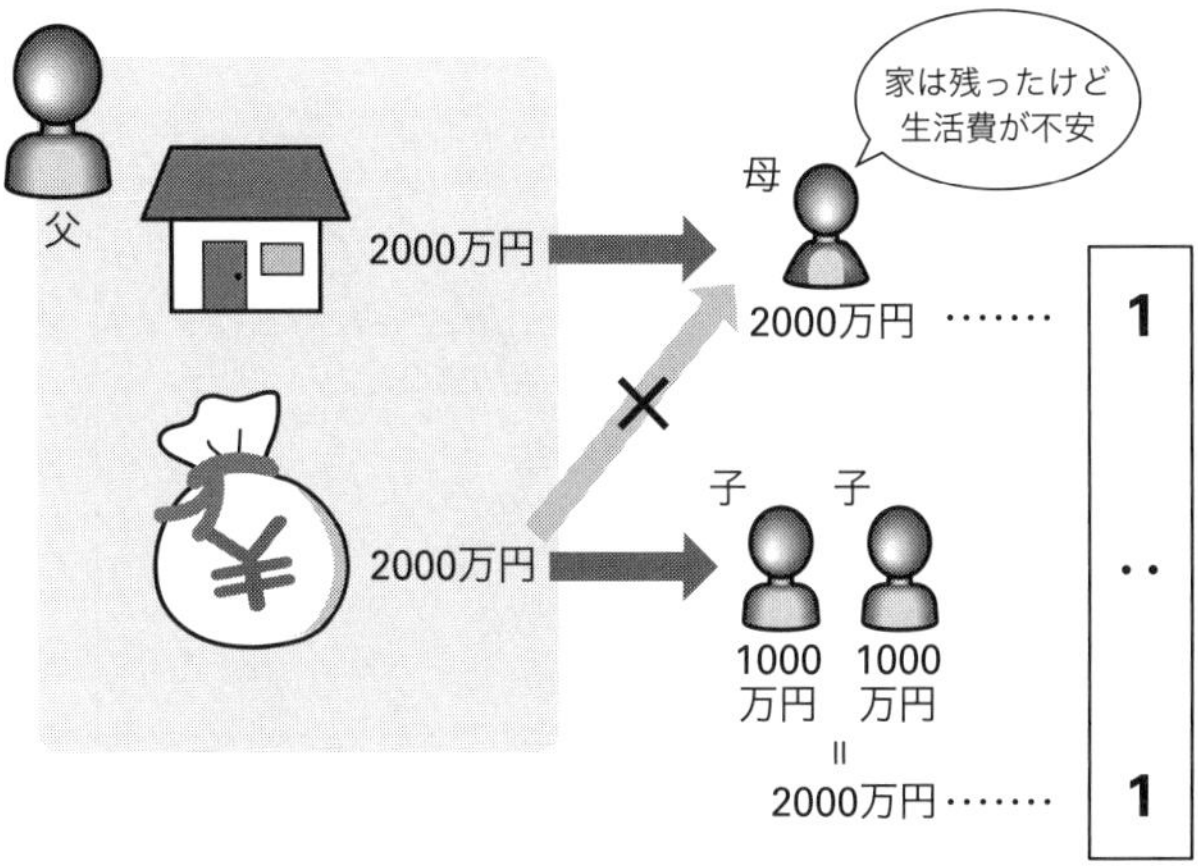

図表 3　民法改正前のケース②

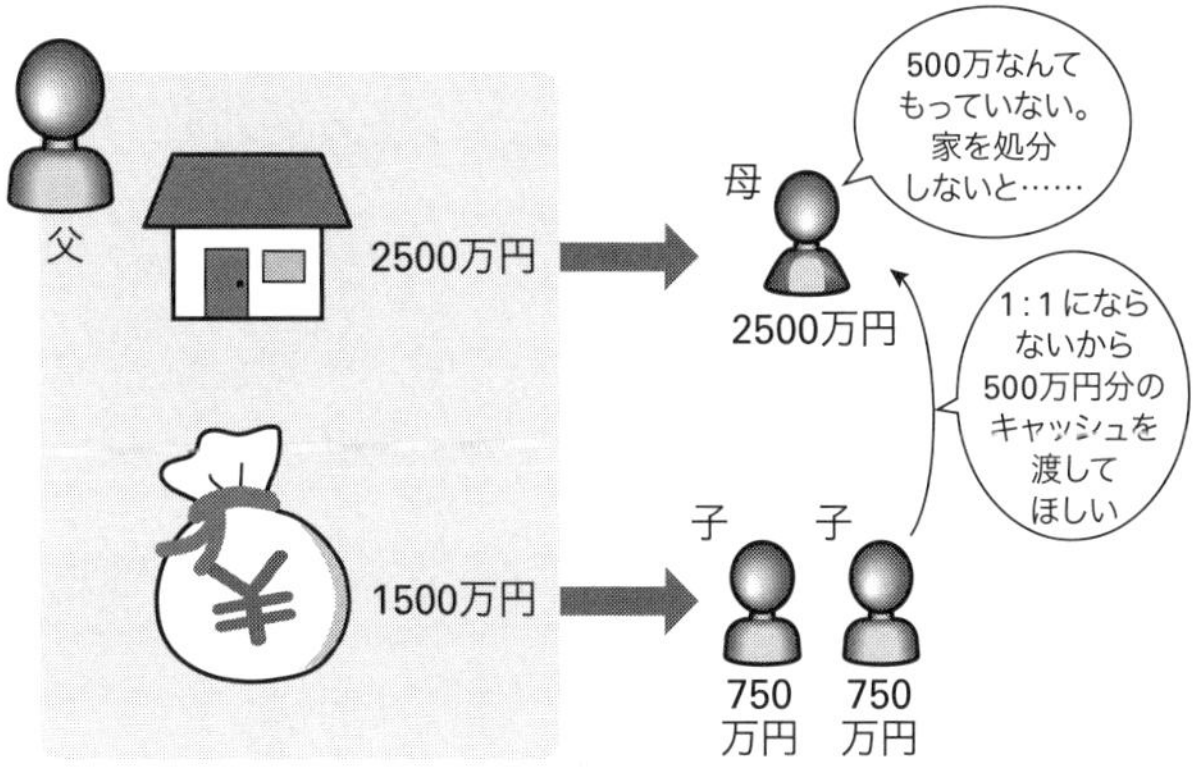

図表4　民法改正後

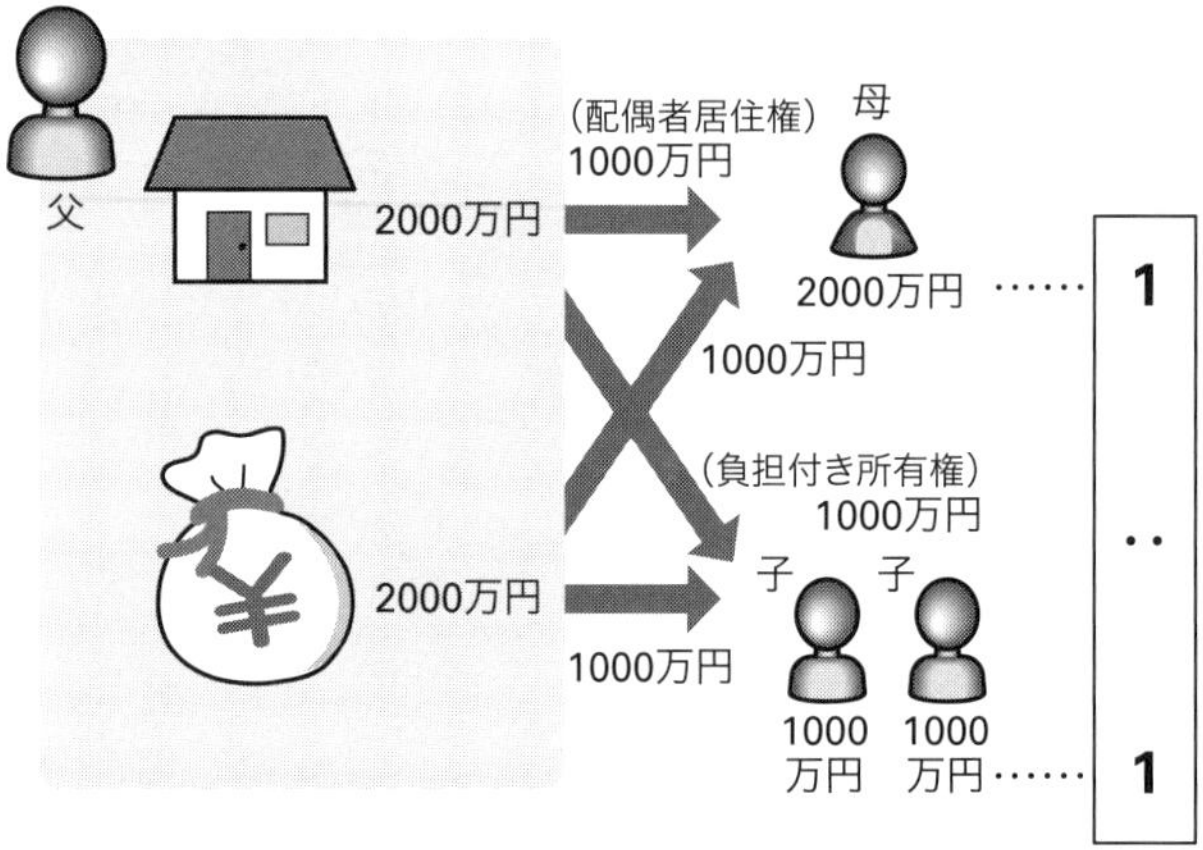

政府は善意で「配偶者居住権」を創設したのだろうけれど、私から見ると「面倒くさいことをしてくれたな」という感想だ。親子関係がうまくいっていない家庭では、自宅の評価額をめぐって異なる業者の相見積もりを出してぶつけ合ったり、新たな火種になるケースも多いのではないだろうか。

制度を生かすも殺すも
結局は「親子の人間関係」

「夫が亡くなったあと、妻が子どもから見放されて家から追い出されるような事態を許してはならない」

「介護を任された人の負担を、相続のときに金銭的に保障してあげるべきだ」

　こういう理念は心情的にはわかるし、理屈としてはおっしゃるとおりだと思う。でも正直申し上げて、２０１９～２０２０年の民法「大改正」によって、全国各地で揉め事を増やしたことは間違いない。「特別の寄与」制度や「配偶者居住権」が始まったせいで、あちこちで揉めている人が相当いるはずだ。

　政府のウェブサイトを見ると「今回の改正のおかげで、今まで冷遇されてきた妻の人権が保障されます！」といった良い点だけが強調して描かれている。

　理念が立派なのはけっこうだが、居住権が認められた自宅を、誰がいくらだと見なすのか。建設から30年も40年も経った住居は、あちこちにガタがきて問題だらけだ。定期的にメンテナンスしていれば家は長持ちするが、相続のときに査定してみれば、１００万円単位の大規模修繕が必要な問題点があちこちで見つかるかもしれない。

　あるいは地価が想定外に上がっていて、自宅の価格が高すぎることでいざこざが起きる可能性もある。

　結局のところ、相続をソフトランディングさせる最大のコツは、親子や兄弟姉妹が日頃から仲良くしておくことに尽きるのだ。肉親同士が普段からいがみ合っていれば、いざ銭勘定の話になったとき、話し合いがニッチもサッチもいかない。

　いくら人情と浪花節《なにわぶし》の法体系が整備されていても、肉親同士がケンカしていれば、相続なんてうまくいくわけがないのだ。

　親子の仲がそれほど良くなく、１カ月に一度も電話をしない人もいるだろう。兄弟姉妹とは、お盆休みや正月に一言二言しゃべるだけという人もいる。

　今はＳＮＳがあるのだから、そういう人はとりあえず家族のＬＩＮＥグループを作ってみてはどうだろう。話し合いの回路を平時から開通しておくだけで、いざというときのコミュニケーションはずっと円滑に進む。

　兄弟や姉妹はまだ血がつながっているからいいが、配偶者同士は完全に他人だ。兄弟の仲が良くても、奥さん同士が「女友だち」というほど親密とは限らない。腹の中で「義兄《にい》さんの奥さんは冷たい人だ」とか「私にばかり介護を押しつけて」と不満を募らせ、「できることなら親族の関係を断ち切りたい」とまで思っている人だっている。

　人間関係のほころびやほつれを普段からまめに修復しておかなければ、相続が〝争続〟の泥沼に陥り、ただでさえまずかった身内の人間関係が完全に分断されてしまう。とにもかくにも、根本的に大切なのは人間関係なのだ。

なぜ相続税収はこんなに少ないのか⁉①

所得税や住民税、消費税や法人税など税制を全部ひっくるめて見たとき、今の日本の相続税の重さはバランスが軽すぎると思う。

日本人全体が今持っている純資産（総資産マイナス借金）は、ざっと計算して６０００兆円ある。ということは、「30年で一世代が交代する」と仮定するならば、１年当たり２００兆円の相続財産が出ているはずだ。

国税（58兆４４１５億円）の税収内訳を、具体的に見てみよう（２０１９年度）。

▼所得税　19兆１７０７億円（32・８％）
▼法人税　10兆７９７１億円（18・５％）
▼消費税　18兆３５２７億円（31・４％）
▼その他　10兆１２１０億円（17・３％）

「その他」の10兆1210億円を、さらに細かく見ていこう。

▼揮発油税　2兆2808億円
▼相続税　2兆3005億円
▼酒税　1兆2473億円
▼印紙収入　1兆2332億円
▼たばこ税　8737億円

1年当たり200兆円の相続財産が出ていると予想されるにもかかわらず、なんと相続税収は2兆円ちょっとしかないのだ。

相続財産の1割を相続税で取ったとしても、毎年20兆円の相続税収になるはずだ。

なぜここまで相続税収が少ないのだろう。相続税には、とてつもなく複雑なルールがあり、うまいこと節税処理をすれば、当局に納めるはずだった相続税を一気に減らせる。そのテクニックを知っている大金持ちの独り勝ち状態なのだ。

なぜ相続税収はこんなに少ないのか!?②

相続対策で巨大なメリットをもたらすのは「小規模宅地等の特例」という制度だ。この特例を使うと、居住用に使っている土地の評価額を5分の1まで減額できる。

赤坂や青山など東京都心の超一等地に一戸建て住宅をもっていると、土地の評価額だけで何十億円にものぼる。そこに「小規模宅地等の特例」を適用して評価額を5分の1に見積もれば、30億円であるはずの土地を6億円とみなして相続できる。とんでもない減税だ。

いったいなぜ、税務当局はこんな特例を放置しているのだろう。この特例をフル活用すれば、億単位で払うはずだった相続税を大幅に圧縮できる。この制度にメスが入らないのは、一等地に豪邸を構える富裕層への配慮以外に考えられない。土地や住宅については、固定資産税の課税標準にしたがって相続税を課せば、とても公平だと思う。実際、建物はそうなっているのだが、土地に関しては、路線価という別の基準が使われ、さらにそこからさまざまな特例で減額措置があるのだ。その特例の仕組みは、複雑怪奇だ。

私自身、父が住んでいた実家マンションを相続するときには、マンションの駐車場の評価で行き詰まってしまった。

土地の評価額を計算するときに、路線価がそのまま適用されるのは、建物を建てやすいように四角形に整えられた「整形地」の場合だけだ。土地が三角形など、四角形でない場合は、不整形の程度や位置と地積の大小に応じて、「不整形地補正率表」にしたがって減額することになっている。しかし、不整形地を整形地に換算するやり方は一つではないため、素人はどのように計算したらよいのか、なかなかわからないのだ。こんなに複雑だと、「経済」を専門にする私でも、袋小路にハマってしまう。不動産の価格なんて、すべて固定資産税の課税標準によってシンプルに算出すればよいと思う。それで損をするのは富裕層だけだ。

「相続税率１００％」への転換で税収増!?

精神科医にして教育評論家でもある和田秀樹氏は、昔から「相続税率は１００％でよい」とドラスティックな主張をしてきた。親が死んだとき子どもにはビタ一文渡さず、当局が全額没収しろというのだ。暴論に聞こえるかもしれないが、これくらい思い切った発想で金持ちから厳しく徴収しないと、相続税収はいつまでたっても上がらない。

ただしこれはかなりの極論だ。私も和田氏と同じように相続税率は１００％でもよいと思っている人間だが、そこまで激しい税制改正は難しいだろう。それに親が死んだあと、お上が財産を根こそぎ没収するのはちょっとかわいそうな気もする。

我が家の場合、父が亡くなったあと弟が遺品整理業者を呼んで、実家にあったものを全部処分してもらった。その際「あれだけは捨てないでオレにくれ」と言って、残してもらったものがある。街灯の形をした目覚まし時計だ。

それは別に、ブランドものでも何でもない。外信部記者だった父の転勤に伴ってスイスに住んでいたとき、買ったものだ。街灯を模した時計には「Rue de la paix」（平和の通り）という看板がついており、平和主義の私は、子どものころから大好きだった。

もし相続税率が１００％だとすると、こういう思い出深い時計まで当局に接収され、競売にかけられてしまいかねない。何十万円もするブランドものの時計なら、なおさらだ。こういう遺産まで全部もっていってしまうのは、あまりにも冷酷非情すぎるとも思う。

相続税率が１００％となると、夫が死んで妻が未亡人になったとき、家を没収されて住むところがなくなってしまう。これまたかわいそうだし、人道的に問題だ。

冷酷非情ではあるが、そこを思い切って改革すれば、とてつもない税収増になる。前述のように、なにしろ日本では毎年２００兆円もの相続財産が出ているのだ。超富裕層を敵に回すことにはなるが、政府は相続税という玉手箱に手をつけなければならないと思う。

東京都心に一戸建ての家を買う

高齢の夫が先立ち、法定相続人が妻（配偶者）＋２人の子どもだとすると、基礎控除は総額４８００万円までしか認められない。「我が家の資産は基礎控除のラインを完全に超えている。お父さんが元気なうちに、相続税対策として何をやっておけばよいのだろう」と不安になってきた読者もいるだろう。

相続税を払いたくない人が、今から何をやっておけばよいのか。要するに、金持ちと同じことをやっておけば相続税を払わずに済む。東京都心に一戸建ての家を買ってしまえばよいのだ。青山、赤坂、麻布、六本木、白金――地価が高い都心部で一戸建ての家を買ってしまえばよい。

相続税の制度の中に「小規模宅地等の特例」がある。自宅については土地の評価額が8割減（上限３３０㎡）、お店や工場など事業所についても、土地の評価額は8割減（上限４０

０㎡）になる。駐車場など不動産業に使っている土地は、評価額が5割減（上限２００㎡）だ。ただし減額の対象は土地だけであって、ウワモノ（建物）は含まれない。

自宅の土地代が実際には５０００万円だとすると、８割マイナスして１０００万円で相続税を計算できる。土地代が1億円だとしても、80％オフで２０００万円だ。

60坪（約２００㎡）とか70坪（約２３１㎡）、80坪（約２６４㎡）程度の家を土地つきで都心に買えば、「小規模宅地等の特例」の対象になって税金対策ができる。

ウワモノは「小規模宅地等の特例」の対象ではないが、新築物件を買ったときに５０００万円だったとしても、買った瞬間に評価額は7掛けまで減る。もろもろ総合的に合算すれば、相続税の支払いはかなり効率的に圧縮できる。

だから日本の富裕層は、やたらと港区に住むのだ。複雑怪奇な節税システムがあるおかげで、人口比１％だけに富が集中するような仕組みになっているのだ。

とはいえ、「死ぬまで都心に住み続けることが果たして本当に幸福なのか」という哲学的な命題は残る。私のように埼玉県所沢市のトカイナカ（都会と田舎の中間）まで後退すれば、地価も物価も都心よりはるかに安い。畑を借りて週末に農業をやることだってできる。都心の喧騒《けんそう》を離れることができるし、自然は豊かだ。

都心で介護施設に入るとなると、驚くほど入居費は高い。相続税対策のために都心の一等地に居を構えたからといって、ＱＯＬ（Quality of Life）と幸福度が高いとは言えない。

むろん、「東京都心に一戸建ての家を買う」という節税対策は、理論上は有効だが、ほとんどの人にとって使える対策ではない。都心の一戸建ての価格は、数億円もするからだ。日本の税制は、お金持ちが有利になるようになっているのだ。

ＺＯＺＯ前澤友作の「残高１０２０億円」動画

相続税とは別の話になるが、本章の結びに提言したい。爆発的な税収増を実現するために、ぜひ政府にやってほしい施策がある。「総合課税」の導入だ。

ＺＯＺＯＴＯＷＮ創業者の前澤友作氏が、みずほ銀行のＡＴＭで通帳に記帳する動画がＹｏｕＴｕｂｅに投稿された。残高１０２０億円というケタ違いの数字にひっくり返りつつ、なんと下品な人物なのかと不興を買った。

「10億単位だとカンマが入るのに、１０００億だとカンマがないんだね」

「ケタがあと一つしか入らない。１兆までは入るんだね。10兆以上稼いじゃうと入らないんだ。そこまでいかないとね」

そうそぶきながら、ＹｏｕＴｕｂｅチャンネルで大はしゃぎだったものだ。

そもそも、彼はなぜあんなに大金持ちなのか。上場株式によって得た売却益は、20％の税金を支払えば、すべての納税が終わるからだ。

年収３００万～４００万円でギリギリの生活を送るサラリーマンは、所得税５％、住民税10％、社会保険料は15％徴収される。低所得層が30％も負担をしているのに、前澤氏のような超富裕層が20％しか負担しないというのは、私はとてもおかしいと思う。暴動を起こしてもよいレベルだ。

超富裕層による「節税」という名の税金逃れを阻止するためには、所得は単純に全部合算して「総合課税」で税金を徴収するようにすればよい。所得税の最高税率45％、住民税10％、合計55％を前澤氏のような人物から取るようにすれば、莫大な税収が国庫に入る。こういうやり方に税制改正したところで、99％の庶民はまったく影響を受けない。

額に汗して苦労して稼いだお金は、税率を低くして手残りを少しでも多くしてあげる。どこかから降って湧いたようなあぶく銭には、高い税金をかける。これこそ最も素直で、誰にでも得心がいく税理論だ。だが腹立たしいことに、現状はそうなってはいない。

99％の国民が納得する税制改革を、政治決断によっていつの日か実現してほしいものだ。

第4章
財産キープのルール

認知症１０００万人時代の到来

親の財産が凍結される「Ｘデー」は、ある日突然やってくる。読者の皆さんを脅すようで恐縮だが、今から覚悟しておくべきだ。

厚生労働省「認知症施策推進総合戦略（新オレンジプラン）」（２０１５年１月策定）によると、日本の認知症患者は**図表５**のように推移すると予測される。数字はプランＡとプランＢの２種類が示されている（高齢者に占める割合は65歳以上を指している）。

認知症患者がより多く増えると見積もったプランＢの数字を見ると、２０２５年の段階で65歳以上の５人に１人が、２０６０年に至っては65歳以上の３人に１人が認知症になる。大変な未来だ。

通夜・葬儀代のタンス預金は危険

葬儀にかかるキャッシュをあらかじめもらっておくのは、頑固一徹の父親と平和的に合意

図表5　日本の認知症患者の推移予測

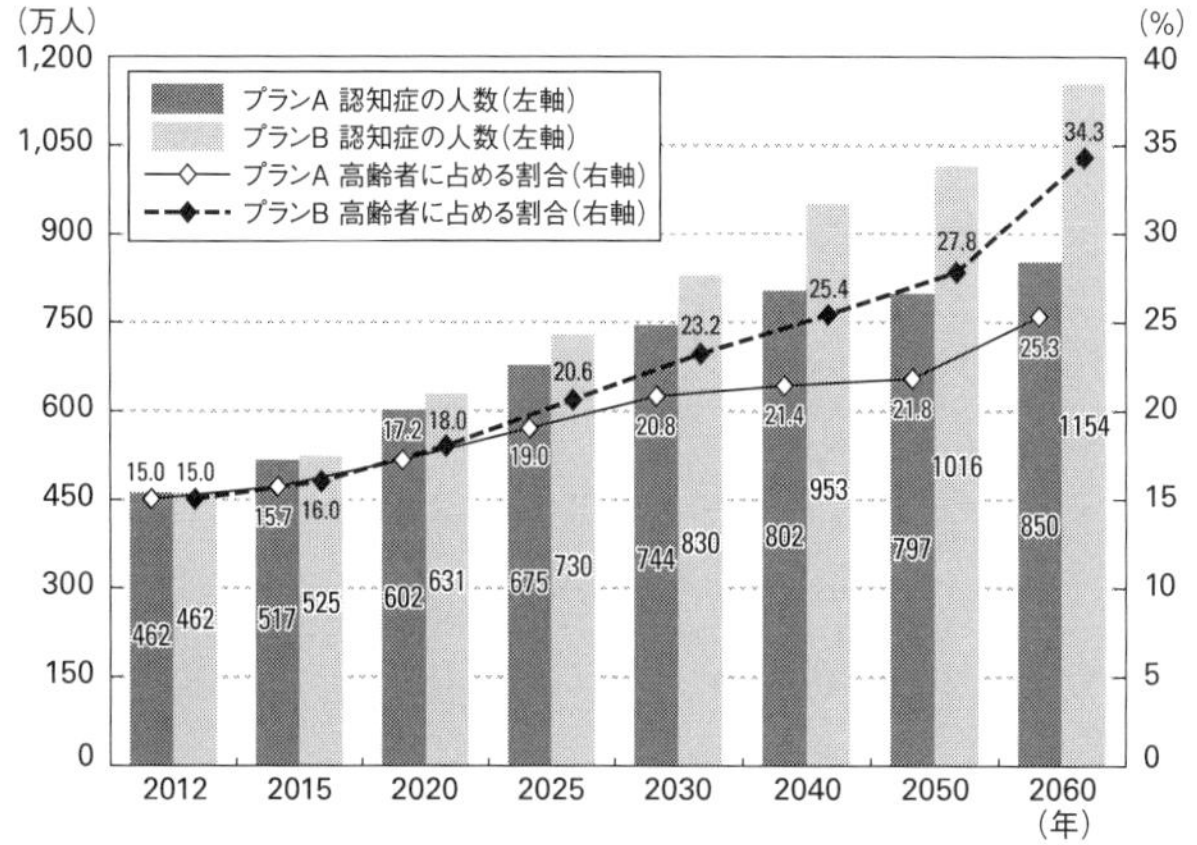

出典：厚生労働省「認知症施策推進総合戦略（新オレンジプラン）」を基に著者作成

できるギリギリの線かもしれない。ただし、そのお金をタンス預金として自宅にキープしておくのは極めて危険だ。キャッシュは泥棒にとって一番の好物だから、空き巣に入られて札束を盗まれたのではたまらない。

タンス預金を金塊に替えて自宅にキープしておくのも危険だ。竹下登内閣の時代の1989年、全国の各自治体に1億円ずつ配分する「ふるさと創生事業」が実行された。1億円を使って映画祭を立ち上げたり、ハコモノの建設費用に充てる自治体もあったが、金塊を買った自治体がけっこうたくさんあった。

岐阜県の墨俣《すのまた》町（現・大垣市）では純金のシャチホコを作り、高知県中土佐町では純金のカツオ像を作って展示したが、泥棒に盗まれた。株式などの金融商品と違って、純金はそのもの自体に価値がある。溶かしてしまえば、出元を特定するのが困難になるから、盗難のリスクが高いのだ。

準備しておく葬儀費用は、定期預金として銀行に預けておくとか、普段使っていない自分の口座に入金して手つかずにしておくなど、安全な管理を工夫しよう。

親がピンピンしていて、車を運転したり自転車に乗ってどこへでも出かける。「ウチのおばあちゃんは１００歳まで現役で仕事をしてそうだね」なんてニコニコ家族としゃべっていた。それなのに、ある日何の前触れもなく認知症を発症したり、脳卒中で倒れてしまうことはある。

「あれ、お父さん最近ちょっとモノ忘れひどくなったね」「足元がおぼつかなくなったね」といった兆候を感じ取ったときには、親が亡くなったときに相続人となる配偶者（夫ないし妻）と子ども（兄弟姉妹）が集まって「この状態が進行したらどうする?」と近未来に起きることをシミュレーションしておいたほうがよい。

取締役は死んでも法人は死なない!?

親がアパートを所有していて、突然認知症にかかったり、亡くなると大変なことになる。相続の手続きが完了するまで、不動産を含めた財産が凍結されてしまうからだ。そうなると、不動産を勝手に売買して処分することはできなくなる。アパートで暮らしている店子《たなこ》に、２年ごとの更新の時期が来たとしても、更新作業は進められない。空き部屋に新しい店子を入れる契約手続きも、ストップしてしまう。

そこで不動産の名義を親本人ではなく、法人名義にしてしまう裏技がある。親と子どもの２人が取締役になって、法人を作ってしまうのだ。取締役は死んでも法人は死ぬわけではないから、死んだ取締役を解任するだけで法人の商売は相変わらず回していける――。モノの本には、そんな裏技が解説してある。

ただ私が税理士から聞いた話では、実は、そう単純な話ではないそうだ。父親と子どもが株式会社の株を折半して所有している場合、父親の株の資産価値をどう評価するかという問題が生じる。零細企業の場合、会社の価値は純資産額によって計算されるそうだ。そうなると、父親がこのアパートを現物出資した場合、会社の株式の半数を無償で子どもに渡せば、贈与税がかかってしまう。贈与税は相続税よりも高いから、こうした裏技を使うことでかえって多くの税金を支払う羽目になってしまうのだ。

法人を使い、素人がドサクサに紛れて税金対策をしようとしても、そう甘いものではない。もし「法人は死なない」方式で親がもつ不動産の相続税を圧縮したいならば、そこは素人が手を出せる領域ではとうていない。相続専門の税理士が慎重に手続きをやらねばならない世界なのだ。

素人には理解が難しい「事業承継税制」

第２次安倍政権時代の２０１８年より、「事業承継税制」が抜本的に改正された。70歳以上の中小・零細企業の社長は２５０万人に及ぼうとしているわけだが、このうち半数の後継者はまだ見つかっていない。この状況を放置しておけば、多くの中小・零細企業が廃業して消滅することになる。

そこで後継者として事業を続行してくれる経営者が見つかったとき、相続税や贈与税の納税額を10年間に限って１００％猶予することが決まった。この制度を使えば、「そろそろ現役を引退したいな」と考えている70歳超えの経営者が、安心して息子なり娘なりに事業を承継できる。

ただしこの制度を活用するためには、親族以外の従業員が何％いなければいけないとか、会社の資産の中で不動産の比率が何％以下でなければいけないとか、ものすごく複雑なルールがある。プロの税理士に相談しなければ、素人にはとても理解不能な世界だ。

「親が手がける事業や不動産業を自分の代でつぶしたくない」「自分が跡を継ぎたい」という強い意志があるのなら、税理士に相談して事業承継税制を活用したほうがよい。そこまで強い意志がないのなら、スパッと廃業して親の事業を畳んでしまうのも賢明な判断だ。

サラリーマン大家さんの深い悩み

お金であれば単純に割り算して分割できるが、お金をいったん不動産に変えてしまうと、割り算して分割できないのが厄介なところだ。

２０１２年12月に第２次安倍政権が成立し、翌２０１３年から「アベノミクス」と呼ばれる経済政策が活況を呈するようになると、「サラリーマン大家さんのススメ」という風な指南本がたくさん出版された。

かつてであれば、金融機関は資産家や機関投資家にしか融資をしたがらなかったものだ。しかし、アベノミクスの金融緩和で資金があふれるようになると、銀行は融資先を確保するため、上場企業の正社員や公務員をターゲットとして「あなたもアパートの1部屋を買って誰かに貸して、副業を始めませんか」という営業が始まった。本業のサラリーマンとしての収入に加えて、副業で家賃収入を得るビジネスがはやり始めたのだ。

そんな事情もあり、大家さんとして家賃収入を得ている人数は、以前よりずいぶん増えていると思われる。自分の親に年金と貯蓄以外に大家さんとしての収入があるとき、今からどういう対策をしておけばよいのだろう。

不動産の名義変更をして生前贈与してもらい、子どもであるあなたの名義に変える。これをやると、ものすごい額の贈与税を取られてしまう。だから普通に相続したあと、すぐ売却するのが一番確実なやり方だ。

あなたが大家さんとしてそのビジネスをずっと続けたいというのなら、不動産を売却する必要はない。自分自身が使うこともないし、大家業をやって人に貸すなんてまっぴらごめんということであれば、不要な不動産はすぐ処分してしまうことをお勧めする。各部屋に店子が入っている状態でも、物件を誰かに売却してオーナーの名義を変更することはできる。

生前に親が住んでいた田舎の実家も同様だ。先祖代々耕してきた田んぼや畑があるから、親が死んだあともその土地を耕して守りたい。そんな強い使命感があるのなら話は別だ。そこに自分が居住する気はまったくない。田んぼや畑にも興味がない。そういう場合は、実家の土地と家を相続したあと、心を鬼にして売却してしまったほうがよい。

不思議なもので、家というのは住人がおらず無人だとどんどん荒れていく。定期的に風を通して掃除をしなければ、家はびっくりするほど急速に傷む。ゲリラ豪雨による水害で被災する可能性もあるし、近年は強烈なモンスター台風に襲われて屋根が吹き飛んだり、天井から雨漏りすることもある。

古い住宅は、長くもっていればいるほど資産価値は下がる。倒壊のおそれがある危険な住宅として行政から認定されると、固定資産税の減免措置もなくなる。いつまでも危険な空き家を放置しておくと、最後は強制執行によって行政が取り壊して、数百万円にのぼる取り壊し費用を請求されてしまう。

柱が傾いたり、壁に爆裂（コンクリートの内部に雨水が入りこみ、内部が腐って鉄筋の錆《さび》が出てくる現象）が発生している物件など論外だ。まったく使っていない不動産は、できるだけ早くさっさと処分してしまったほうがよい。

取り壊し費用は１円も払いたくない。二束三文で資産価値がなく、売れる見込みがまったく立たない。そんな物件については、相続人全員が預金を含むすべての相続を放棄すれば国のものになる（家だけの放棄はできない）。あとは国が取り壊し、競売にかけて土地ごと売り払うなりしてもらえる。

生前整理で見つかる宝の山

不動産や金融資産を１億円以上もっている人は、日本全体の中で少数派だと思う。「95歳まで生きるには夫婦で老後資金２０００万円が必要」という報告書を金融庁が発表して日本中が大騒ぎになったわけだから、相続税対策の対象外という読者も多いと思う。

親が大きな財産をもっていなかったとしても、死後に問題になるのが遺品整理の問題だ。

ある大物芸能人が、自宅にあるものの生前整理を一気にやったと聞いた。なにしろ昔からずっと超一流芸能人だから、トラック何台分のものすごいお宝が家の中にいっぱいあった。

　ホテルのロビーに置いてあるような豪奢《ごうしゃ》な飾り台は、１台３００万円の価値はあったと思う。全部含めると、おそらく数千万円、あるいは数億円分の価値があったに違いない。その人には子どももいるから、お宝をオークションにかけるなり古物商と交渉して売却することもできたはずだ。にもかかわらず、面倒くさがって「全部引き取ってくれ」と不用品整理業者に丸投げしてしまった。

「えーっ⁉　それで、結局業者からいくらもらったんですか？」と訊いたところ、衝撃的な答えが返ってきた。数百万円もらうどころか、反対に処理費用80万円を支払ったと言うのだ。

　業者を呼ぶ前に私に一声かけてくれたら、ぜひ引き取りたいお宝がいくつもあったはずなのに……。悔しがったところで、あとの祭りだ。

　とはいえ、自分が元気なうちにややこしいものを大胆に断捨離してしまうのは、一つの見識だ。某大物芸能人のように「金目のお宝が山ほどある」状態だと、死後に資産価値を算定し、相続税の計算をするだけで遺族にとってすさまじい負担だからだ。

　生前に終活と断捨離を実行するにしても、私個人としては、できれば整理業者に丸投げして一括廃棄という乱暴な処理はしないでほしいと思う。絵画や骨董など、金目のものが混じっている可能性があるからだ。親の生前に金目のものだけ「これもらっていいよね」と譲ってもらえば、親が亡くなったあとに相続の対象にはならない。

親が元気なうちに、蔵や物置き、タンスの中身を一緒に確認しておこう。言葉は悪いが、「金目のものはおおよそＡとＢとＣ」「それはあの床の間に置いてある」と当たりをつけておくだけでもずいぶん違う。生前整理するなり、親が亡くなったあと遺品整理をするときに、金目のものはあらかじめ抜いて除外しておく。あまり価値のないものだけを遺品整理業者に渡すのがベストだ。

骨董とルイ・ヴィトン　着物とリモワ

テレビ東京の人気番組『開運！なんでも鑑定団』では、「これは明《みん》の時代に作られた焼き物だ」と自信満々で鑑定にかけられた壺や皿が、最近作られた贋作《がんさく》だと判明して出品者が意気消沈するというのが定番だ。

この番組で鑑定人を務める中島誠之助さん（骨董商）も、若いころに騙されて贋作を買わされたことがあった。頭に来た中島さんは、それを橋の上にもっていってバーン！　と川に投げ捨て、のちのちの自分の戒《いまし》めにしたそうだ。

私は一時期、江戸切子（江戸時代から江戸・東京で作られたガラス細工）のぐい呑みがどうしてもほしくて、ヤフーオークション（ヤフオク！）で落札しようとしたことがある。念のため富山の骨董商に「どれが本物ですか？」とオークションの出品物を見てもらったら「これ、全部偽物ですよ」と即答された。１万円も出して騙されて買う寸前だった。以来、素人が骨董に手を出そうなんて山っ気はきっぱり捨てたものだ。

我が家の近くに、古着を何でも買い取ってくれる店がある。45リットルのゴミ袋いっぱいの服をもっていったのに、引き取り価格は10円だった。だったらゴミとして捨ててしまったほうがよいという話になる。ごく一部のブランド物や価値あるものを除いて、古着の買い取りには値段がつかないのだ。

ジーンズについては、私には皆目理解ができないことがある。昔のアメリカの労働者がはきつぶしてボロボロになり、どう考えてもゴミかボロキレにしか見えないシロモノに、１００万円以上の値段がついたりする。親がジーンズのコレクターだった場合には、捨てずに専門業者に鑑定してもらったほうがよい。

おばあちゃんの荷物の中には、着物もたくさんある。だが一部の超高級な着物を除けば、文字どおり二束三文で買い叩かれる。原宿で外国人観光客向けに売っている着物を見ると、

1000円だったりするくらいだ。ただし、曽祖母から引き継いできた本物の超お値打ち品もあるだろうから、「この着物は本当によいものだからね」といった情報を、親と対話しながら共有しておく必要がある。

ルイ・ヴィトンのまがい物（ルイ・ヴィトンならぬ「類似ヴィトン」）も、昔騙されて買ってしまったことがある。プロが見ると縫製が明らかに違うから、偽物はすぐバレる。

1台15万円以上するRIMOWA（リモワ）のスーツケースも、まがい物がたくさんある。カギの形が微妙に違うとか、ホイール（車輪）の形が違うとか、刻印のフォントが違うといった特徴で見分けるそうだ。

まがい物には価値はないが、親が世界中を旅しながら何十年も使いこんだ本物のリモワとなると話は違う。「こんな古いデコボコのスーツケースなんて捨てちまえ」と言って処分してしまったら、それはリモワファンにとって何万円出しても買いたいヴィンテージ品だったりするのだ。

オタクのコレクションを現金化する方法①

親が亡くなったとき、「財産凍結」の対象は預貯金や金融商品、不動産にとどまらない。絵画や骨董など、売却すれば現金化可能な物品も、有価証券と同様に資産と見なされる。以下、「財産凍結」という話から少々脱線するように思えるかもしれないが、親が残したマニアックな財産を現金化する方法について、体験的ノウハウを綴りたい。

元気な親と一緒に今から生前整理を始めるときは、何に価値があるのか第三者の目利きに算定してもらおう。古いマンガ本やレコードは、何も知らない人にとっては無価値なガラクタに見える。だが戦前や戦後直後の少年雑誌は、古書業界では1冊数十万円の高値で取引されるものさえある。

CDが出たときにレコードの価値は二束三文になったものだが、近年アナログのレコード人気が再燃したことをきっかけに、一部のレコードはそこそこよい値段で買い取ってもらえる。親の許可を取ってそれらの売却をちょっとずつ進めれば、ガラクタに見えたものが1万円札に生まれ変わる。

私はミニカーを3万台も所有する日本屈指のマニアだから、ミニカーの価値はだいたい見ればすぐわかる。素人が面倒くさがって、「このミニカーを全部引き取ってください」と言ってミニカー専門店にもっていくと、買取価格は購入価格の1割が相場だ。レア物がそこそこ混じっていたとしても、購入価格の3割で引き取ってもらえればよいほうだと思う。ミニカーに限らず、マニアはコレクションを充実させるために数百万円（ときには1000万円以上）の私財を投入している。親が趣味のためにつぎこんだお金を、ほぼ全額取り戻す方法がある。時間と手間はえらくかかるが、ヤフオクやメルカリで売りに出すのだ。

オタクのコレクションを現金化する方法②

ヤフオクにオモチャやグッズを出品するときには、全然ピントがズレたカテゴリーに出さないよう注意してほしい。カテゴリー違いのところに出品すると、オタクや目利きの目に留まらず100円や200円で落札される可能性があるのだ。

ミニカーであれば、ヤフオクでは「すべてのカテゴリー」→「おもちゃ、ゲーム」→「ミニカー」という順番にカテゴライズされる。ここに出品したうえで商品のキーワードをたくさん書きこんでおけば、「1／18」（18分の1モデル）、「1／43」（43分の1モデル）、「1／64」（64分の1モデル）、「大量」「ジャンク」といったキーワードでオタクが検索をかけて、あなたのお宝にアクセスしてくれる。

ただし、希少性が高いものでなければ、入札ゼロで売れ残ってしまうこともよくある。ある程度知識がなければ、初回の値づけも難しい。

スター・ウォーズのグッズだと、ダース・ベイダーの等身大マスクやR2‐D2、C‐3POの等身大フィギュアなどは、かなりよい値段で取引される。知り合いの中に詳しそうなオタクがいれば、自宅に呼んでコンサルティングをやってもらい、ためしに1個か2個オークションにかけてみるとよい。詳しい人にちょっと相談に乗ってもらうだけで、売上は数倍の違いが出てくる。

ちなみに「B宝館」（ミニカーや食玩を中心とする森永卓郎私設博物館）では、ミニカーや食玩以外にもたくさんのものを集めている。コカ・コーラの歴代缶、ドコモの歴代PHSや携帯電話、マクドナルド「ハッピーセット」のオマケとしてもらえるオモチャなど、コレクションは60種類以上に及ぶ。

普通のオタクはここまでコレクションの幅は広くないはずだから、しっかり勉強して金目のものに当たりをつけて、本当に価値あるものに絞ってヤフオクに出品すれば確実に収益は上がる。目を惹《ひ》くようにわかりやすくタイトルをつけ、購入者が必要としている情報を余すところなく書きこむ。

細かいところまではっきり見えるように、きれいに写真を撮ることも重要だ。ミニカーで言うと、裏板についている©マーク（コピーライト）がはっきりと見えるかどうかだけで値段が違ってくる。リプロダクション（複製品）も多いから、正真正銘の当時物であることを証明するデータは重要なのだ。

商売としてネット通販やオークションをやっている人は、自宅に小型の撮影ブースをもっている。ライティングもきちんとしており、ブツ撮り専門のカメラマンに近い態勢だ。売れた商品は、プチプチのエアークッションにくるんで壊れないように包装する。

丁寧に迅速に発送したつもりなのに、「商品が届かない」というクレームが一定の割合で届くのは面倒くさい。以前、三和銀行が景品でくれたポットをヤフオクに売りに出したことがあった。1週間たっても落札者が何の連絡もしてこないから、私はその人を落札者から外し、次点繰り上げで別の人に売ってしまった。

すると1週間連絡を怠った落札者から「僕が落札したのに、なんで権利を取り消したんですか？　どうしてもほしいから売ってください！」と言って、毎日ストーカーのようにメールがきた（当時のヤフオクはメールでやり取りをしていた）。あれには閉口した。

ヤフオクで不用品を売却するときには、クレーマー対応に神経をすり減らすこともあると心得ておいてほしい。

なお私は「B宝館」でコレクションのダブりを売ることがあるので、警察から古物商許可を取っている。個人の趣味としてチマチマ不用品を売買する分には、古物商の免許なんてわざわざ取る必要はない。

オタクのコレクションを現金化する方法③

サラリーマン向けのビジネス書を読んでいると「仕事の複線化」とか「週末起業」といったキーワードがよく語られる。親が現役時代に集めたコレクションを引き継ぎ、チマチマ何年もかけて地道に売却していけば、最終的にそれなりのお金に生まれ変わる。親が死んでから遺品整理業者に丸投げして全損になるよりも、よほどマシだと思う。

知識があるかないかで、週末起業でいくら生み出せるかの金額が、ケタ違いに変わってくる。あまりにもマニアックすぎて恐縮なので、以下は極端な例として聞き流してもらいたい。皆さんが一度は口にしたことがあるボンカレーは、最初に発売されたときには、透明のビニール袋にカレーが入っていた。今ではアルミパウチの袋だ。透明ビニールのパウチは、オークション市場では2万円の高値で取引されている。万が一、親の実家の保存食入れに大昔のボンカレーが見つかれば、それが2万円で売れるのだ。

1970年代前半に売られていた仮面ライダースナックにしても、お菓子のオマケとして入っていたカードよりも、空袋のほうが高い値段で取引される。工業デザインという観点で、こういうものを片っ端からコレクションしている人がいるのだ。

暇な時間にヤフオクを毎日眺めているだけでも、「この種のミニカーは量産型だし価値がないからジャンク品扱いなのだな」とか「おっ、このモデルのミニカーは2000円するのか」といった相場観がだんだんわかってくる。

古本にしても、専門技術書やカタログ、説明書など、普通は捨てられてしまうマニアックなものほど高い値段がつく。中にはそのニッチ市場でビジネスをしている人もいる。

昔は「毎度おなじみ、チリ紙交換です」とアナウンスを流しながら、軽トラで古新聞や古雑誌を集める業者がいた。今は古紙回収に回したところで、トイレットペーパーなんてもらえない時代だ。それに今では自治体が古紙のリサイクル回収をやっているから、民間企業が出る幕はない。

そこで頭がよい人は、近所にビラを大量にポスティングして「処分に困った古本を何冊でも出張回収します。料金は無料です！」と呼びかける。片っ端から集めた本は、郊外に安い家賃で借りた倉庫の中にダーッと並べる。ベストセラーなんて全然値段がつかないわけだが、「これはほとんど現存していないマニアックな印刷物だ。売れそうだ」と勘が働いたものを、片っ端からヤフオクに出品していくのだ。

オタクのコレクションを現金化する方法④

ＪＲ中野駅前「中野ブロードウェイ」にある「まんだらけ」では、ブリキのオモチャや食玩、フィギュアや古書に10万円単位の値段がついていることがある。普通の店ではせいぜい実勢価格の３割でしか買い取ってもらえないところ、「まんだらけ」は２割上増しして、実勢価格の半額で買い取っているようだ。だから「すごく買取価格が高い」と評判になってあれだけ急成長した。

テレビの撮影で「まんだらけ」の倉庫を見せてもらったことがある。それぞれの分野のオタクがスタッフにたくさん揃っているため、値づけが素晴らしく適正だった。「グリコのオマケなんてさすがに相場を知らないだろうな」と思って値段を見てみたら、ピシッと正確な相場の数字をつけていて感心した。

ヤフオクやメルカリで地道に出品すれば、実勢価格の9割を回収できる可能性もあるが、それをやっているとお宝の保管コストがどんどんかさむ。出品や発送の作業にかかる手間も膨大だ。そこを省略したいならば、二束三文で買い叩かれない「まんだらけ」に親が残したお宝をもって行き、一括で引き取ってもらう手もある。

何度も繰り返しになって恐縮だが、まずは大前提として「親とよく話し合う」。これが基本だ。マニアは自分のコレクションを自慢したくてたまらないので「これ、超カッコいいですね！」「へえー、そうなんですね！」と興味をもって話をもちかけられたら、いくらでもベラベラしゃべって教えてくれる。親の気を良くしてあげたうえで、親が死ぬ前から金目のものについて勉強しておく。これがあなたにとって一番適切な行動だ。

公証役場に遺言書を残す

親の死後に財産相続で家族・親族が揉めないように、公正証書によって遺言書を残す方法がある。遺言書は書式が決まっているため、自分の判断で「息子や娘には１０００万円ずつしかやらん。あとの財産は全額寄付する」と書いたところで、書類に落ち度があれば無効とされてしまう。自筆の遺言書が死後に見つかったとき、「都合が悪いものが出てきた」と遺族によって焼却処分されてしまうこともある。

書類作成のミスや紛失を防ぐためには、法務省の公証役場に遺言者と代理人（司法書士や行政書士）が一緒に出向き、公証人（法律の専門知識をもつ職員）の立ち会いのもとで口述筆記してもらう。署名捺印《なついん》した遺言書は公証役場に保管される。公証人が認証したものが書類化されるため、あとから「この遺言書は無効ですよ」と言われる可能性はない。

ただし、代理人や公証役場に支払う手数料は５万〜６万円はかかる。その作業に至るまでに、親とどう話をつけるかという大きな難題も立ちはだかる。「よし。ワシもそろそろ人生の総仕上げの時期に入ったから、遺言を一筆書いておくか」と親に納得してもらうまで、家族会議を重ねる必要がある。

本人が納得さえしてくれれば、必ずしも公証役場で面倒くさい手続きをする必要はない。コクヨが「遺言書キット」を発売しているし、週刊誌や『おとなの週刊現代』のようなムック本でも、よく書きこみ式の遺言書マニュアルが特集されている。

民法改正によって、遺言書の作り方はずいぶん簡素化された。かつては全部手書きでなければ駄目だったのだが、今ではパソコン打ちしたものに本人の署名捺印を加えたものでも認められる。

親の財産凍結、そして家族・親族間による「争続」を未然に防ぐため、親が生きているうちに遺言書を書いてもらうことを最終的なゴールとして目指そう。

第5章

相続放棄プロジェクト

相続地獄から最速で脱出するための方法

本書のテーマ「相続地獄」から最短距離で脱出するための秘策がある。「相続放棄」だ。

相続には①単純承認②限定承認③相続放棄の3種類の手続きがある。②ないし③の手続きを取るときは、3カ月以内に家庭裁判所に申請しなければならない。届け出をしなければ①の単純承認を選んだと自動的に見なされ、相続税の支払いがある場合は死後10カ月以内に申告しなければならない。

①は預貯金も不動産も借金も含め、すべての財産を相続する。②を選ぶと、相続財産を使って負債を返済し、余った分を相続する。もし借金が相続財産を超える額である場合、その分は自腹を切ってまで返済する必要はない。限定承認を選択しておけば、自分の財産が差し押さえられることなく守られる。

預貯金や証券、株式が潤沢に残されていて、純資産がプラスであれば、それを丸々放棄してお国に寄付する変わり者はいない。問題は、親が「負の財産」を残して死んでいったケースだ。親が銀行から借りた借金の返済が残っていたり、ローンを完済していないこともある。

「父親の不動産をお前にやると言われても困る。オレはそんなものは要らない」というケースもあるだろう。その場合③の相続放棄を選ぶことによって、親の財産を相続する権利を１００％放棄できる。

兄弟の仲が悪いとか、まかり間違って腹違いの隠し子が見つかれば、法定相続人の話し合いがこじれて「争続」に巻きこまれる。「どうも揉めそうな予感がするな」とか「たいした金額ではないな」と見込まれるときは、「財産の相続は必要ありません」と言って最初からスパッと逃げてしまうのがベストアンサーだと思う。

「実家がド田舎にあって、路線価格も評価額も低い」「あまりにも遠隔地だし、自分がそこに引っ越す予定はまったくない」「しかも築40年のボロ家だ」。こういうケースであれば、無理してその不動産の権利をもぎ取ろうとは考えず、潔く手放して別の兄弟なり親族に譲ってしまったほうがスッキリする。

私の体験的「相続放棄」

ちなみに私自身、相続放棄を申し出たことがある。父親の実家は佐賀県にあるのだが、私にも本家の相続権があったらしい。あるとき田舎から「相続を放棄してくれ」という手紙が届いたので、妻に「いいよね。こんな田舎の土地なんか要らないよね」と訊ねたら「要らないよ」と言う。さっさとサインして田舎の本家に送り返し、相続放棄で話を進めてもらった。

田舎だから家はそこそこ大きいし、畑も田んぼも広くてお茶畑もある。ただし、「それがお前の人生に必要か」と問われると、どう考えても必要ないと思えた。

東京からだと、実家にたどり着くまでの交通アクセスは極めて悪い。羽田空港から福岡空港か長崎空港まで飛び、空港からレンタカーを借りて延々と走る羽目になる。東京と実家を往復するだけで、1回10万円もかかるのだ。貴重な休みの時間を1泊2日でつぶして、相続の紛争に巻きこまれるのはまっぴらごめんだと思った。そんな暇があったら、別の仕事をしてお金を稼いだほうがよほど有益だ。

その後、50年ぶりくらいにその実家に戻ったところ、家のすぐ近くに新幹線の駅が建設中だった。あのとき相続を放棄していなければ、九州新幹線の開業とともに、まとまった額の現金収入があったかもしれない。もっとも、田舎の人間関係に巻きこまれるのは嫌だから、あのときの私の選択は間違っていなかったと思う。

弁護士や税理士への手数料支払いは必要なし

私が欲を出して相続人に名乗りを上げていたら、東京から田舎町へはるばる出かけていったのに、ネチネチ嫌味を言われて不愉快な思いをしただろう。「お前は今まで何もしてこなかったのに、こんなときだけしゃしゃり出てくるのか」と罵られたら、それだけで心が折れる。いきなり隠し子が出てきた日には、今まで一回も会ったことがない人間に何百万円も遺産を取られることになる。

私の父方の祖父の場合、実にややこしいことに、死ぬ直前にものすごく若い女性と再婚した。祖父はお茶農家をやっていたのだが、品評会で１等賞を取って、天皇陛下出席の式典に呼ばれたのだ。招待状を見たら「ご夫人同伴」と書いてあったため、急に「オレは嫁をとるぞ」と言って再婚したらしい。後妻の親族が相続人に入っていれば、話が面倒くさくなるのは容易に想像できる。

叔父が亡くなったときに葬式に出かけて、親戚に家系図を書いてもらったことがある。その時点で、誰がどの血のつながりの叔父さんなのかもよくわからなかった。相続会議を開くとなれば、いったい何人の親族と話し合わなければならないのだろう。想像しただけでゾッとする。

特に畑や山は、何十年にもわたって区分所有されていたりするから、相続の折り合いをつけるのが難しい。区分所有された土地全体で農業や林業の採算が取れていたのに、相続のせいでその採算が成り立たなくなってしまうのだ。

母方の実家で相続の話がもち上がったときも、母は相続放棄を選んだ。母は、葬儀や納骨のすったもんだの中で、人と金をめぐる争いをするのは避けたいのだと言っていた。

週末をつぶし、遠路はるばる相続会議に出かけて消耗する。そんな思いをするくらいなら、書類に署名して実印を押し、郵送で返して一件落着にしよう。

なお相続放棄するときには、書類を一筆書いてサヨウナラ状態なので、弁護士や税理士への手数料は特に発生しないのもよい。

親が抱えるローンまで相続するか否か

普通の後期高齢者は、70〜80歳になったら借金なんて1円も抱えていない。30歳前後のときに建てた自宅のローンは、35年ローンで組んだにしてもとっくに払い終わっている。

　問題は、生涯現役状態で事業をやっている親だ。世の中には、70歳、75歳になっても企業の社長や会長としてバリバリ指揮を執っている経営者はいくらでもいる。身の丈の範囲内で手堅く商売をやっているのなら心配ないが、お店を何軒も展開していたりすると、その人が亡くなったときに多額の借金が残る可能性がある。

　高齢の経営者が切り盛りしている企業が、果たしてどんな財政状態なのか外部から確かめるのはなかなか難しい。デュー・デリジェンス（Due Diligence＝企業の資産価値やリスクを調査すること）は、Ｍ＆Ａ（吸収・合併）の業者にとって一番の腕の見せ所だ。

　プロがデュー・デリジェンスを試みても、正確な判断はなかなか難しい。自分の親の商売が順調にいっているように見えても、フタを開けてみたら財政状況は真っ赤っ赤だったなんてことはいくらでもある。親が自営業者として商売をやっている場合は、相続放棄の可能性も含めて慎重に検討を重ねよう。

　特に２０２０年２月以降は、新型コロナウイルスショックによって、世界経済全体が大打撃を受けた。観光業、旅館やホテル、飲食業からアパレル、小売業に至るまで、あらゆる業態が深刻なダメージをこうむっている。

「いよいよ東京オリンピックだ！」「インバウンド（外国人観光客）年間４０００万人時代の到来だ！」と息巻き、２０２０年１月までは経営が絶好調だった業者も多い。ところが２０２０年２月から５月までのたった数カ月で、これまで蓄積してきた内部留保をあらかた使い果たし、急速に倒産寸前まで悪化している会社も数多い。

かく言う私の会社だって、２０２０年度の売上は前年度の半分くらいになりそうだ（ただし我が社は完全無借金経営なので、つぶれる心配はないが）。高齢の親が何らかの商売を手がけている場合は、フトコロ事情がどの程度苦しくなっているのか、探りを入れてみたほうがよい。

空き家２０００万軒時代の到来

２０１８年に総務省が行った「住宅・土地統計調査」によると、日本国内の空き家はなんと８４９万戸もある。すべての住宅のうち、７軒に１軒が空き家という計算だ。２０１５年の野村総合研究所（ＮＲＩ）の予測によると、持ち主不明の空き家はこれから以下のように増大する見込みだという（図表６）。

図表６　総住宅数、空き家数および空き家率の実績と予測結果

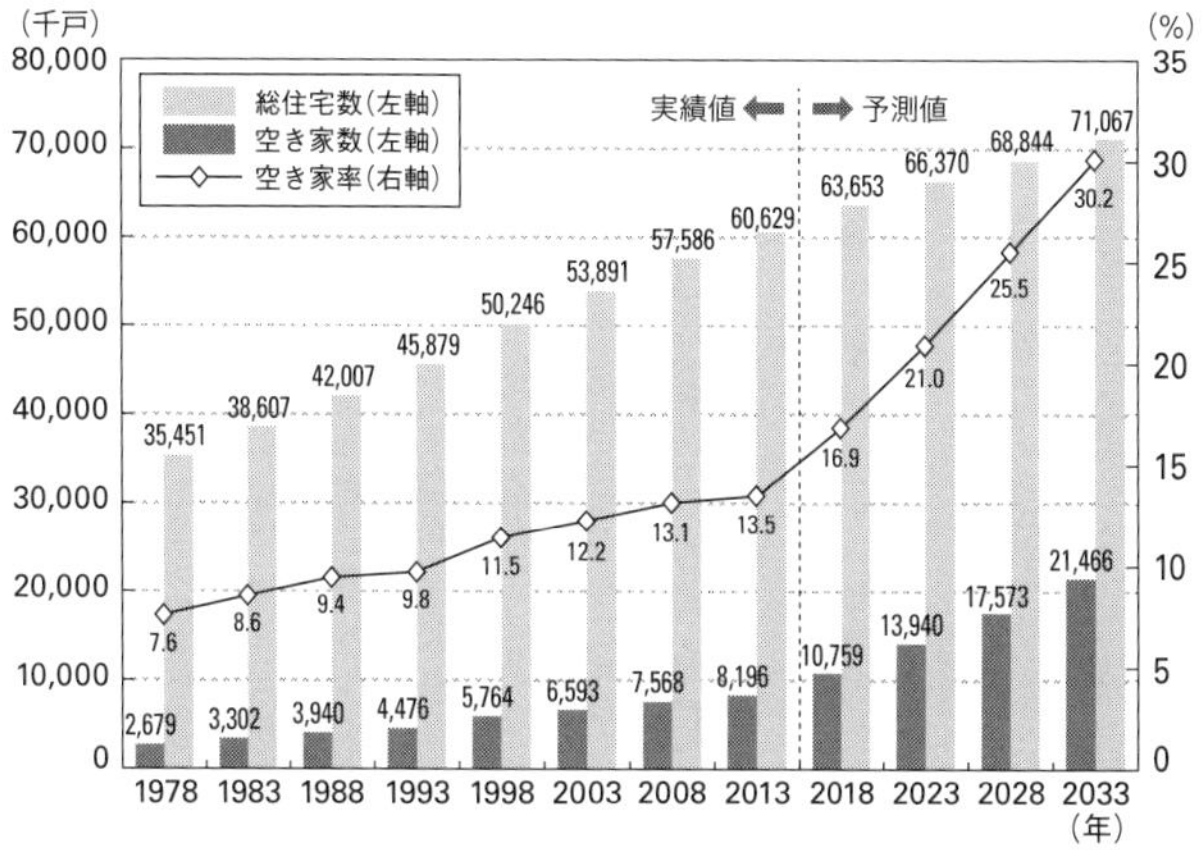

出所：実績値は総務省「平成25年住宅・土地統計調査」より。予測値はNRI。
出典：野村総合研究所2015年6月22日リリース「住宅の除却・減築などが進まない場合、2033年には空き家が2,000万戸超へと倍増」（野村総合研究所）

▼２０２３年　１３９４・０万戸（21・０%）
▼２０２８年　１７５７・３万戸（25・５%）
▼２０３３年　２１４６・６万戸（30・２%）

７０００万軒の家屋のうち、10軒に３軒が空き家になるという恐るべき予測だ。

競売にかけて土地を売却するためには、ボロボロの古いウワモノを取り壊して更地にする必要がある。でも家を撤去するための数百万円もの処理費用は、自分では負担したくない。固定資産税を支払うのも嫌だ。そんな理由からボロボロの実家を放置して、持ち主不明の状態のままにしている人も多い。

空き家を放置しておくと、どんどん家が荒れてしまう。台風で屋根が吹き飛ばされたり、自宅の一部が倒壊しようものなら、近隣住民に迷惑をかけるし訴訟沙汰にもなる。自分が使う気がないのだったら、少しでも値段がついている段階でさっさと売り払ってしまったほうがよい。そうしないと、お金をもらうどころか、こちらからお金を出さなければ誰も引き取ってくれないマイナスの資産になってしまうからだ。

実家管理に２４００万円を投じた松本明子さん

タレントの松本明子さんは、父親から「高松の家を守ってくれ」という遺言を託されたそうだ。その遺言を忠実に守り、香川県高松市の実家を25年間にわたって自力でキープすることになる。25年間も空き家だったにもかかわらず、固定資産税や水道光熱費を律儀に払い続けた。その総額はなんと１８００万円に及ぶそうだ。

家は定期的に空気を入れ替えたり掃除したり、人がいる状態でないとどんどん傷んでいく。

何カ月も家から離れているうちに、雨漏りが進んで取り返しがつかないことになったりもする。だからときどき飛行機に乗って実家へ足を運び、様子を見に行く必要がある。

出費はそれだけではない。東日本大震災が起きたあと、緊急避難先として実家で住めるようにしておくため、６２０万円をかけてリフォームした。総額２４００万円超えの出費だ。そこまで多額のお金を投入してきたにもかかわらず、その家で暮らすことはなく、四半世紀にわたって空き家であり続けた。

その家を不動産業者に査定してもらったところ、買取価格は３００万円程度、解体するとなると撤去費用は５００万円かかるという。どうしたものかと途方に暮れながら香川県の「空き家バンク」に登録してみたところ、６４０万円で買いたいという希望者が現れ、リフォーム代を回収できた。

長年住んでいた実家には、誰だってさまざまな思い出が詰まっている。いつでも帰れる田舎がなくなるのは心寂しい。ましてや松本さんの場合、父親の遺言がずっとトゲのように心に引っかかっていた。

いくら遺言だからといって、住みもしない家をもち続けるとろくなことにならない。たとえ「実家を守ってくれ」と亡くなった親から頼まれたとしても、さっさと売り払って「第２

の人生」へと気持ちを切り替えたほうがスッキリする。あるいは実家を売り払う手続きすら割愛して、相続放棄したってよいのだ。

父の死後5年間放置されたマンション

本書第1章で、父が新宿区高田馬場にマンションをもっていた話をご紹介した。弟は私と違ってサバサバしているので、マンションに残されていた大量の荷物は、遺品整理業者を呼んでさっさと片づけてくれた。ただしマンションそのものは、父の死後5年以上も放っていた。

当時、弟は東北の仙台で仕事をしていた。仙台から東京へ転勤になったタイミングで、高田馬場のマンションで暮らす心づもりだったようだ。だが弟は仙台から軽井沢へ転勤になり、結局東京へ転勤にはならなかった。仕方なくマンションは売却したそうだ。

そのマンションは、値段が安いわりには、とても便利な立地だった。たまたまマンションに用があり立ち寄っていた日に、同級生が新宿・歌舞伎町で飲んでいて「お前もすぐ来いよ」と言われたので出かけたことがある。家から高田馬場駅まで走れば5分もかからない。

そこから西武新宿線に乗って隣の駅が西武新宿駅だから、家から飲み屋まで10分以内に着いて驚かれた。

高田馬場駅には地下鉄東西線も通っているから、そこから大手町駅まで乗ってしばらく歩けば東京駅に着く。東京駅から新幹線に乗るときにも、高田馬場はとてもアクセスがよい。

駅チカの優良物件を手放すのを弟が躊躇《ちゅうちょ》するのはわかるが、すぐ売却しておけば損失はぐっと抑えられた。ただ、もし私が相続していたら、家の中のモノを捨てられずに、ズルズルと今でも所有して、損失を拡大させていたと思う。

宇宙飛行士・秋山豊寛さんや高木美保さんのセカンドライフ

親が事業をやっていると、自宅とは別に店舗や作業場、工場があることも多い。農家や酪農家だと、ビニールハウスを備えた農場、牛舎や加工場など設備が大きく、車とは別に重機が何台もあったりする。その事業を引き継ぐ気がないのであれば、もったいないようにも思えるが放棄してしまうのも一つの考え方だ。

都会暮らしをしている人から見ると、何百坪もある広大な畑や田んぼ、酪農場はものすごい財産のように思える。だが土地の評価額を確かめてみると、田舎の農地は信じられないほど安いのだ。かなり広い家と畑、それに山までついていて数百万円単位だったりする。

だからそこに住みつくつもりがないのだったら、相続自体を放棄してしまうのも一案だ。あるいはその土地や設備を引き継いで事業を拡大したい人に、格安で譲ってしまえばよい。

「満員電車で毎日人が押しくらまんじゅうしている都会にいると、心がギスギスしてくる。しかも新型コロナウイルスのような感染症がはやっている今、都会は危険地帯だ。会社を早期退職したあとは、退職金を取り崩しながら、ほそぼそと生活する。里山の手入れをしながら自然と共に暮らすのだ」

こういう生活に大転換するかどうか。ライフスタイルの選択が問われる。

幸か不幸か、私はすでにトカイナカに住んでいるので、ずっと今の家に住み続ける予定だが、思い切って田舎に移住するというのも、一つの選択だと思う。

TBS記者でありながら、日本人初の宇宙飛行士として宇宙中継を実現した秋山豊寛さんは、退職後に福島県滝根町（現・田村市）で有機無農薬にこだわった農業を始めた。福島第一原子力発電所の事故によって撤退を余儀なくされると、今度は三重県大台町で再び有機無農薬を始めている。

女優の高木美保さんは、栃木県那須高原に広大な畑をもち、ガチンコで農業をやっていることで有名だ。

ジャーナリストの二木啓孝《ふたつきひろたか》さんは、千葉で農業を始めているし、同じくジャーナリストの高野孟《はじめ》さんも、長年千葉県で農業をしている。「どうしてリベラルは農業に走るのか」と言われることもあるが、私は真剣に人生を考えている証拠だと思っている。無農薬・有機栽培の農業は大変だが、とても楽しいし、やりがいのある仕事なのだ。

別荘というワナ

芸能人や経営者の中には、軽井沢に別荘をもっている人が多い。高原だから夏はとても涼しいし、ゴルフ場もある。冬にはスキーやスノーボードも楽しめる。巨大なアウトレットモールがあるから、買い物を楽しむのもよい。東京駅から軽井沢駅までは、新幹線に乗れば1時間ちょっとで着く。なんといっても「軽井沢」という地名はブランドだ。

ある有名芸能人が軽井沢に建てたものすごくおしゃれな別荘が、テレビで特集されていた。番組でご一緒したとき「そういえば、あの別荘はその後どうなりましたか?」と訊ねたところ、

「実はあのロケのあと一度も行ってないの」と言う。

別荘を買ってからそこを使う平均回数は、生涯を通じてたった8回だという調査結果を見たことがある。地方に別荘を建てたところで、せいぜい年に1回行くかどうかだという証だ。買って2～3回出かけたら飽きてしまって、売り払ってしまう人も多いのだろう。

私は２０１９年まで群馬の昭和村というところで、畑を借りて体験農業をしていた。その畑のすぐ近くに、日立金属がバブル期に造った分譲の別荘地がある。２００坪あるからけっこう広い。３００万円で売りに出されていたので「あの別荘買いたいんだけど」と言ったら、妻から「絶対駄目」と猛反対された。

妻は私なんかよりもはるかに冷静に、客観的に物事を俯瞰《ふかん》している。

「頭がカッとなって別荘を買ったところで、たぶん年に1回行くかどうかだ。リフォーム代や固定資産税、水道光熱費の支払いを考えたらバカバカしい。それならホテルのスイートルームにでも泊まったほうがコストパフォーマンスがよっぽどよい」

妻はそんなふうに見抜いているのだろう。

作家を本業にしていて、平日は東京都心で打ち合わせや取材をしたり、短い連載原稿を書いたりラジオ出演をこなす。週末は基本的に人とは会わず、別荘に引きこもって集中的に資料を読みこんだり、長い書き下ろし原稿を書き進める。そういう生活リズムが生まれている人なら、東京→別荘→東京の循環がうまく回る。

作家や音楽家、陶芸作家にとっては、うるさい都会からソーシャル・ディスタンス（人間と人間の間の社会的距離）を取ったアトリエは、仕事の生産性向上に結びつく。私は基本的に日雇い労働者だから、スマートフォンが鳴ったらいつでもテレビ局やラジオ局に出かけて生放送の仕事をしなければならない。

東京都内の仕事場マンションではなく、埼玉県所沢市の自宅にいたとしても、「今から収録に来れますか」と言われればたいていのところへ1時間半以内に駆けつけられる。地方の別荘地でのんびりしているとなると、あわてて東京にトンボ帰りするわけにもいかない。24時間３６５日態勢でいつでも都心に出稼ぎに行かなければならない私にとって、別荘暮らしは、なかなか採りえない選択なのだ。

もし親が自宅以外に地方に別荘をもっていたならば、自分が使わない不動産はすぐ売る。あなたが親の立場なら、あとで子どもたちが相続で困らないように、使わない不動産は最初からもたない。これが大原則だ。

暴落した新潟県越後湯沢のタワーマンション

別荘のウィークポイントについて、豆知識を追記しておこう。

軽井沢というブランドにあこがれる人は相変わらず多いわけだが、なにしろあそこは高原地帯だから、湿気がものすごい。軽井沢駅に着いた瞬間、霧がたちこめていてほとんど視界が閉ざされていることも多い。あれだけ霧が濃ければ、窓が結露して屋内もものすごい湿度であることは明らかだ。

だから24時間エアコンを回していないと、留守中に床が全部カビて悲惨なことになる。軽井沢の別荘を維持するためには、膨大な電気代がかかるのだ。

ハワイでリゾートマンションを買い上げて、別荘だと言って雑誌やテレビ番組で自慢しているお金持ちもいる。その別荘に、持ち主はどれくらいの頻度で出かけているのか。どんなにがんばったって、5月の連休と夏休み、年末年始に出かければそれで手一杯だ。

それに２０２０年3月以降、日本人はアメリカ国内に入国することすらままならない。ビザを取得して入国できたとしても、14日間は完全隔離生活で外には一歩も出られない。この状態は、おそらく２０２０年いっぱい、あるいは２０２１年に入ってからも続くだろう。となると、ハワイの別荘なんてただの不良債権とは言えないか（なお、本稿を脱稿直前の２０２０年11月から、ＰＣＲ検査の陰性証明書提出を条件にハワイでの隔離が免除されている）。

　私の知人が、よせばいいのに新潟県の越後湯沢にあるタワーマンションの一室を買った。バブル期には４０００万円以上したタワマンの部屋を、１５０万円で買い叩いた。「さすがにこれ以上値崩れすることはないだろう」と甘く見ていたら、たった数年で50万円まで値崩れしたそうだ。

　タダ同然の値段で投げ売りされているのに、管理費は１カ月数万円もかかったりする。越後湯沢へスキーをやりに行くのなんて年に数えるほどの回数なのに、タワマンをもっているせいで管理費と固定資産税が毎年どんどん垂れ流される。もはや地獄だ。

　判断を間違えてこういう物件を買ってしまったのなら、スパッと気持ちを切り替えたほうがよい。これ以上赤字が積み重なるくらいなら、こちらからお金を払ってでも不良債権を損切りしたほうがよいのだ。

　くどいようだが、こういう筋悪物件が相続財産の中に入っていると、あなたが亡くなったときに配偶者や子どもたちにとんだ迷惑をかけることになる。

ポストコロナ時代の不動産投資

新型コロナウイルスの感染者は、当然のことながら東京が圧倒的に多い。東京都の人口は１４００万人いる。このほかに神奈川・千葉・埼玉に住居をもつ人が数百万人は通勤しているし、観光客は国内外からやってくる。三密（密閉・密集・密接）を絵に描いたような東京が、感染症に対して脆弱《ぜいじゃく》な街であることは明らかだ。

従来から「２０２０年夏の東京オリンピックが終われば、アベノミクスの好景気と不動産バブルは崩壊する。オリンピック後にマンションの価格は下落する」と言われてきた。新型コロナウイルスによって、バブル的だった日本の好況は見事に崩壊した。おそらくここから1年ばかりタイムラグをおいて、不動産の価格は下がり始めるだろう。

バブル崩壊のときは、地方よりも大都市中心部のほうが圧倒的に下落率が高い。だから都心の一等地に不動産をもっていても、安全・安心ということは全然ない。

東京の不動産価格は、昔からずっとおかしかった。バブル経済のピークのとき（１９９２年）、銀座5丁目にある鳩居《きゅうきょ》堂（老舗《しにせ》の文房具店）前の土地が１㎡３６５０万円を記録した。

それが今や１㎡４５９２万円なのだ（２０２０年の路線価）。ハガキ１枚分の広さの土地が67万５０００円もするのだから、頭がクラクラしてくる。土地代が１坪（３・３㎡）１億５０００万円もしたら、どんな商売だって普通は成り立つわけがない。なのにどういうわけか、銀座５丁目にはたくさんの店が軒を連ねている。こんな路線価は、どう考えても異常だ。

「斜陽産業」と言われる新聞社は、新聞や広告費の売上がすさまじい勢いで減少しているため、近年は不動産事業に転換しつつある。東京や大阪の超一等地に巨大ビルをもつ朝日新聞社が典型だ。だが都市部に不動産をもつという選択は、「ポストコロナ」の時代には決して勝ち組の生き方とは言えない。不動産バブルの栄華を極めていたと思ったら、そのバブルがはじけて痛い目を見るのだ。

少なくとも、これからの東京都心の不動産価格は「高値不安定」という不穏な状況に切り替わる。最悪のシナリオだと、そこから不動産バブル崩壊へと一気に突き進む。その点、地方の不動産価格はもともと「低値安定」だったし、アベノミクスや不動産バブルの影響はほとんど受けなかった。だから今後も状況はたいして変わらない。

私が住んでいる埼玉県所沢市の自宅など、駅から徒歩15～20分も離れていて畑の中にあるから、30～40年前とほとんど地価は一緒だ。しかも、建物は築30年以上だから、資産価値はゼロだ。ただ、その分、相続のときの税負担は、都心に家をもっている場合と比べたらケタ違いに小さい。

家は資産価値で選ぶのではなく、利用価値で選ぶべきなのだ。

第6章

人生の仕舞い支度

1日20時間労働で貯まった「億」のキャッシュ

２００３年に私が出版した『年収３００万円時代を生き抜く経済学』という本は、偶然にも時代の空気感にピッタリとフィットしてベストセラーになった。本がバカ売れすると「ウチからも新刊を出しませんか」と出版のオファーが殺到し、次から次へと本を書きまくった。そうした本を全部まとめると、１００万部以上売れた。

小泉純一郎首相（当時）による「聖域なき構造改革」と新自由主義的政策に対して、「日本社会全体をメチャクチャにする」「格差が拡大する」と反発する人がいた。「オレは格差社会の底辺に転落して、年収３００万円で一生やっていかなければいけない」。そんな不安を抱く人の心に刺さったのだろう。

ハマコー（自民党の武闘派・浜田幸一衆議院議員）さんとテレビ番組に出たときに「こいつは年収３００万円がどうのこうの言う本を出して、その10倍の３０００万稼ぎやがったんだ」と冷やかされたことがあった。あのころの私は、３０００万どころかもっと稼いでいた。

私のモットーは、依頼された仕事は基本的に断らないことだ。『年収３００万円時代〜』

が売れると、ニュース番組やワイドショー、バラエティ番組に至るまで、メディア出演のオファーがとてつもないペースで来るようになった。一番ひどいときで、テレビとラジオのレギュラー番組は17本あった。新聞や雑誌の連載は37本に及んだ。講演の依頼も数知れない。２００６年４月からは、獨協《どっきょう》大学経済学部の教授も務めている。

これだけの殺人的な仕事量をこなすためには、24時間操業するしかなかった。平日は自宅には帰らず、都内にある仕事場にこもってひたすら働き続ける。就寝は深夜０時だが、午前２時には目覚めて働き始める。１日20時間以上働き続けた。

お金を使うのは趣味のミニカー収集活動くらいなので、支出よりも収入のほうがはるかに多い。お金を使う暇がないまま、普通預金にどんどんキャッシュが貯まっていった。

２０１１年３月、東日本大震災と福島第一原発の事故が起きると、こうした異常なライフスタイルは一変する。日本全体に自粛モードが吹き荒れ、講演をはじめとするほとんどの仕事が軒並みキャンセルになってしまったのだ。収入は激減して時間の空白がポッカリできたものの、そのおかげで父の「相続地獄」と向き合って全力を注ぎこめた。

自粛モードは永遠に続かない。原発事故が最悪の事態を免れ、いったん収束しそうだという雰囲気が生まれると、仕事は以前のように戻っていった。私は再び１日20時間労働になった。そして2014年10月、馬車馬のように働いて稼いだお金が博物館に化けたのだ。

総工費1億8000万円で建てた夢の「B宝館」

2014年10月、私設博物館「B宝館」が念願のオープンを果たした。床面積200坪の中古ビルを買い取り、全面的にリフォームを施し、総工費は1億8000万円に及ぶ。『年収300万円時代を生き抜く経済学』が売れてから10年間働きに働いてきた稼ぎを一気につぎこみ、現金で買った。

これだけの金額の買い物をするなら、普通は住宅ローンを組むなり銀行に融資をお願いするものだ。しかし、いくらテレビに出まくって本が売れていて、大学教授もやっているからといって、こういう案件では銀行はお金を貸してくれない。収益にならない事業に融資なんてしたら、ローン返済が焦げついて不良債権になってしまうからだ。

「B宝館」には、私が50年間以上にわたって集めてきたミニカーやグリコのオマケなど、総計12万点のコレクションを展示している。入場料は800円（小学生以下は400円）だ。もともと入場料で儲けようなんて、思っていない。儲かりはしないが、たいして損もしないだろうと甘く考えていた。世界中どこを探しても、ここにしかないコレクションが山のようにある。だから、それなりにたくさんの来場者が集まって収支はトントンになるだろうと思っていたのだ。

ところがオープンして１年、２年と経つうちに、見通しが甘かったことが発覚した。固定資産税や光熱費、スタッフに支払う人件費などを合算すると、支払いコストは年間１０００万円にのぼる。入場料はどのくらいあるかというと、年間１００万円だ。つまり年間９００万円の赤字だったのだ。

消防署がやってきて「消防法に触れていないか消防点検をします」と言われることもあれば、「消火器を買い替えてください」と勧告されてまた出費が増える。オープンしてすぐに、ＪＡＳＲＡＣ（日本音楽著作権協会）の職員が覆面抜き打ち調査にやってきたのには驚いた。ラジカセで音楽をかけていたら、その著作権料を支払えと言うのだ。メディアで仕事をしている手前、ＪＡＳＲＡＣには逆らえない。言われるままの金額を支払い続けている。

オープンから３年目までは年間９００万円の赤字が続いたため、赤字分は自分の稼ぎをつぎこんで補填《ほてん》した。４年目からは赤字の幅はだんだん小さくなっていった。営業時間短縮とスタッフ削減の効果だ。

２０１９年には「トミカ（タカラトミーのミニカー）をお借りして展示会を開きたい」というオファーをいただき、所蔵品を全国ツアーに回して何百万円か稼いだ。「コレクションを見せてほしい」というテレビや雑誌の仕事もちょこちょこ入る。今でも年間５００万円ほど経費がかかってはいるが、私が生きて働いている間は、存亡の危機に立つほど大きな赤字は出ないよう計算できている。

グリコのオマケ1万個と崎陽軒のシウマイの醤油入れ

毎月1回の「B宝館」開館日になると、全国各地からミニカーオタクがやってきて熱心に写真を撮っている。メキシコやシンガポールからわざわざやって来たマニアもいた。

ヤフーオークションやメルカリで長年にわたって収集を続けたおかげで、トミカはすべてのコレクションをコンプリートしている。タカラトミー本社が保存しているミニカーの数倍の規模のコレクションだ。

入り口から入ってすぐのところにあるグリコのオマケは、大正時代のものを含めて1万種類以上ある。グリコ本社にさえ３０００種類しかないそうだから、私のコレクションのほうがはるかに種類が多い。森永製菓のチョコボールを買って「金のエンゼル」「銀のエンゼル」が出るともらえるおもちゃのカンヅメも、初代から全部揃えた。

缶入りのコカ・コーラは、日本では昭和40年に初めて発売された。そこでコカ・コーラの空き缶も、可能な限りあらゆる種類を集めた。もちろんアメリカで作られたファーストモデルももっているし、海外旅行に行くたび世界中のコカ・コーラの缶をもって帰国している。「B宝館」には、世界の空き缶の歴史が詰まっている。

三ツ矢サイダーは、兵庫県川西市の平野という地域で自然に湧き出した炭酸水「平野水」が原点だ。一番最初に発売された元祖三ツ矢サイダーの平野水ボトルも、大変な苦労の末に入手した。瓶や缶は中身を飲んだら捨てられてしまうから、ほとんど残っていないのだ。この瓶の現物をもっているコレクターは、私以外に見たことがない。

あるときから、アルバイトの若者が街角で配っているティッシュも集め始めた。「サラ金ティッシュで見る松本伊代の歴史」だって立派な文化だ。町田忍先生（「庶民文化研究所」所長）は、サラ金ティッシュの中に入っている宣伝用の紙だけを集めている。武富士なんて会社がとっくに倒産してしまったし、国立国会図書館がこんな印刷物まで保管しているわけがない。中身のティッシュが入った完全な形でコレクションしているのは、たぶん「B宝館」だけだ。

携帯電話にしても、初代のショルダーフォン（肩からかけて運ぶカバンのような形の電話）からガラケーから、年代を追って全部揃っている。ソニーのウォークマンも初代からずらっと製品が並ぶ。崎陽軒《きようけん》のシウマイ箱についてくる陶器の醤油入れ「ひょうちゃん」をあれだけ大量に集めた好事家《こうずか》は、私くらいのものだろう。

コレクターがほかにいないから、こういったお宝の山に資産価値はない。だが私は、「B宝館」がもつコレクションは世界遺産クラスのお宝だと確信している（※フェイスブックで最新情報や開館情報を発信しているので、興味がある読者はアクセスしてみてほしい https://www.facebook.com/bhoukan)。

「B宝館」のコレクションは、今も充実の一途だ。大量に集めたマッチ箱は、器用なスタッフがきれいなパネル展示にしてくれた。マッチ箱そのものの市場価値よりも、それをきれいに並べてパネル化するコストのほうが圧倒的に高い。

ガムの包装紙、喫茶店やバーで使うコースター、古いタバコのパッケージなど、細かいものを集め始めたらきりがない。

「亡くなった夫の遺留品から大量のミニカーが見つかった。引き取ってもらえないか」というオファーは全国各地から寄せられ、宅配便で次々と荷物が届く。とても整理が追いつかないので、段ボール箱を開封すらできないまま「B宝館」の3階に積み上げてある。行き場を失ったお宝の「難民申請」は、そろそろ受け入れの抑制を始めなければ保管スペースがパンクしてしまうかもしれない。

経済力さえあれば、別館を造っていくらでも所蔵品を増やせばよい。妻は「もう1軒買うなんて絶対許さない。破滅しちゃうよ」と大反対している。妻が言うとおり、次に新しいビルを買ったら、たぶん固定資産税の支払いが追いつかなくなって倒れてしまうだろう。金融取引によって不労所得がガンガン入ってくるのだったらよいが、私という人間が身ひとつで働いて稼いでいるため、やれることにはおのずと限界がある。

節税対策にはならない個人経営のミュージアム

著名人やプロスポーツ選手の名を冠した記念館は、全国各地にある。札幌には『失楽園』で有名な渡辺淳一文学館があるし、石ノ森章太郎のマンガ原画9万点を所蔵する「石ノ森萬《まん》画館」（宮城県石巻市）は大人気だ。プロゴルファーの石川遼選手は、19歳の若さで新潟に

「石川遼記念館」を建てた（いくらなんでも先走りすぎたのか、２０１４年に閉館した）。

こうした記念館は「有名人の節税対策で建てられる」とまことしやかに語られるわけだが、経験者の私から見ると、そう単純な話ではない。「B宝館」は1億８０００万円かけてオープンしたものの、土地代はそもそも経費にならない。建物の減価償却費は、60年償却なので微々たるものだ。

「B宝館」は節税対策になるどころか、帳簿上は「資産増」扱いだ。

入場料やグッズ販売で儲かるわけでもなく、固定資産税や光熱費支払いで常に赤字経営が続き、税金対策にもならない。「B宝館」運営は、経済合理性から完全にはずれている。それでもやっているのは、１００年後には文化的な価値が認められると思っているからだ。

だからテレビやラジオで取り上げてもらうたびに「引き取ってくれる自治体があればいつでもタダで全部あげますよ」と言い続けてきた。「地域振興の話題作りになる」と興味をもった自治体から、これまで10件ほど引き合いがあった。役所の商工観光課からはオーケーが出るのだが、議会にかかるとまったく話が通らない。バブル期には、ワケのわからないハコモノを行政がいくらでも造った。今は自治体の財政はどこも厳しいので、何人も首長に直《じか》談判したが駄目だった。

印象派の絵画とか有名な人間国宝の陶芸であれば、引き取ってくれる美術館や博物館はあるだろう。税金を投入して、オモチャや空き缶、ティッシュを引き取ってくれる自治体はどこにもない。

明治大学は、米沢嘉博《よしひろ》さん（オタク評論家）が集めた十数万冊もの蔵書を引き取り、地上７階建ての「米沢嘉博記念図書館」を建設した。これは極めて稀な例だ。今は大学図書館に話をもっていっても、スペースの問題があるのでなかなか蔵書を引き取ってくれない。自分が書いた新刊は「本学教員の新刊です」と紹介できるから引き取ってもらえるが、ほかの本は寄贈すると言ってもあからさまに嫌がられるのだ。

「××文庫」と自分の名前がついた棚を図書館に作ってもらうのは、至難の業なのだ。ましてや趣味で集めたコレクションを引き取ってくれる美術館や博物館は、ほとんど存在しないというのが現実なのだ。

不動産は厚い岩盤の上に建てよう

東日本大震災が起きる５カ月前の２０１０年10月、町田忍先生と一緒に東京都中央区に

「ノベルティミュージアム」を開館した。

２０１１年３月11日、東京都は震度５強の地震に見舞われ、ミュージアムはかなり激しく壊れた。最大の問題点は、間仕切りをガラスにしていたことだ。激しい揺れによってガラスがバリバリに割れ、上にあったガラスは凶器と化してどんどん下のものを壊した。

この苦い教訓に照らし、２０１４年に開館した「Ｂ宝館」は万全の地震対策を施している。最大の地震対策は立地だ。縄文時代の地図を見てみると、東京の大部分はかつて海だったことがわかる。縄文時代に陸地だったのは、多摩丘陵や武蔵野台地だ。「Ｂ宝館」がある土地は武蔵野台地の一部に属し、狭山丘陵という場所の上に載っている。こういう場所は地震にとても強い。

強めの地震はこれまで何度もあったが、どの地震においても、コレクションも建物も完全に無傷だ。３・11の教訓に照らし、展示コーナーの棚にガラス板を使うのはやめた。やや見《み》栄《ば》えが悪いが、強い揺れがあっても割れない木の板を間仕切りにしている。

棚が将棋倒しになると目も当てられないので、図書館の建築方式と同じく、棚は天井までビッチリ据え付けにした。こうしておけば、たとえ強い揺れに見舞われても棚が倒れたりズレる心配はない。

私設博物館を建てる機会はそうそうないだろうけれど、「1万冊の蔵書をきれいに並べたい」とか「大きな書斎がほしい」という読者はいると思う。新しい自宅や仕事場を造るときには、万が一に備えて「縄文時代の地図までさかのぼって立地を検証する」「厚い岩盤の上に家を建てる」「耐震対策をこれでもかと万全にする」といったポイントに留意してほしい。

「住み開き」で税金対策しよう

当初「B宝館」は、自宅の近くの土地を買って建てようと考えていた。ところが所沢市役所が「その土地は住宅専用地だ。客が殺到すると住環境が乱れる」と言って、それはまかりならぬと反対するのだ。

「あなたね、日本中の自治体がどうやって外から人を呼ぼうか必死で考えてるんですよ。なのに、人が来たら困るという発想は何なんですか」

役所の人間に訴えたのだが、役人はちっとも聞く耳をもたない。マンガ家の楳図《うめず》かずおさんは、赤と白のボーダー柄でデザインされた「まことちゃんハウス」を東京・吉祥寺の住宅地に建てた。これがテレビで話題になり、写真を撮りに来る見物客が殺到したせいで、近隣住民が建築工事差し止めを求める仮処分申請を裁判所に出した。そういうトラブルも過去にあったため、役人の腰が引けてしまったのかもしれない。

だからまず、家を造り、その中に博物館を造れば良かった。

結局、「B宝館」は自宅とは別の場所の中古ビルを購入した。そのせいで、年間300万円近い固定資産税を取られているのだ。200㎡以下の「小規模住宅用地」は、固定資産税が6分の1に、都市計画税は3分の1に減免される特例措置がある。200㎡以上の「一般住宅用地」は、固定資産税が3分の1に、都市計画税は3分の2まで減る。

『住み開き　増補版』（アサダワタル著、ちくま文庫）という本を読んでいたら、おもしろいことをやっている人の話がたくさん紹介されていた。自分の家の一部を開放して、ライブハウスやセミナーハウス、ギャラリーやカフェにしたり、水族館や洞窟博物館までやっている人がいるのだ。こうすれば、趣味を仕事にしつつ、余分な固定資産税を取られることもない。

世の中には、自己表現としていろいろなことをやりたい人がいる。私の経験を踏まえて、その人たちに言いたい。

「博物館を造って採算に乗せようなんていう妄想を抱いてはいけない。博物館を造ったところで、こってり税金を取られるわ、人件費や光熱費がかさむわで、ちっとも儲かりはしない。悪いことは言わないから、やるなら自宅の一部を『住み開き』にしなさい」と。

太陽光発電の基地建設で不労所得を作る

長男（森永康平）と出した共著『親子ゼニ問答』（角川新書）を読んでもらうとわかっていただけると思うが、お金をめぐる親子の意見は対立する点が多い。私がやっていることは、我が長男からは全然理解を得られていない。

母方の祖父は、大阪・堂島で日本初の先物取引の走りをやっていた。どうやら長男は、その金融系の遺伝子を引き継いだようだ。

「お前な、やたらとバクチは打つもんじゃないよ」と言っていつも叱っているのだが、長男は私の言うことはちっとも聞かない。子ども向けに金融教育を進める「マネネ」という株式会社まで作り、すっかり金融を生業にしている。長男は父親とは違う生き方を選択し、これからも我が道を行くのだろう。一度きりの人生だし、縄をつけてまで無理やり止めるつもりはない。

次男は長男とはまったく性格が異なり、今はアイドルオタクに走っている。長男は「B宝館」には興味を示さない。次男は「オレが引き継ぎたい」と言うわけではないが、「ここまでやったのに、やめちゃうのはもったいないよな」と言っていた。系統は異なるが、同じオタクとして次男には通じるものがあるようだ。

私が今死ぬと、テレビ出演や講演、著作出版による収入がなくなるので、「B宝館」は確実に倒産する。そこで数年前、千葉県と兵庫県に太陽光発電の設備を造った。20年間は固定価格で電気を買い取ってもらえる。よほど大規模な地震やものすごい台風でも来ない限り、その発電基地はあと15～16年はつぶれない。もし私が突然死しても、売電のアガリで15～16年は「B宝館」の固定資産税が払える仕組みになっている。

人間はいつ死ぬかわからない。趣味に走って財産を湯水のようにつぎこむのもよい。だがそういう生き方をする場合、自分が突然死しても家族がいきなり困らないように、きちんとリスクヘッジを施しておくことが必須なのだ。

大学教授はつらいよ

私は１９５７年７月生まれなので、63歳だ。教授職を務める獨協大学の定年は70歳だから、自ら退職しない限りあと７年は勤めなければならない。

大学教授は、真面目にやる人ほど容易には辞められない仕組みになっている。獨協大学経済学部では、大学に入ってきた１年生の段階でゼミが決まる。ゼミ生を受け入れた以上、卒業するまで全員の面倒を見なければならない。途中で「退職することになった。悪いけどさよなら」というわけにはいかない。私にとって、ゼミ生は学生時代を通じて濃密につきあう家族なのだ。

ようやく４年生を送り出したと思ったら、すぐまた１年のゼミ生が決まって新顔がやってくる。こういう生活を送っていると、教職をどこでリタイアしたものか、タイミングがまったくわからなくなってしまう。

お金を稼ぐことを第一に考えるのなら、教授の仕事を辞めたほうが収入は増える。授業やゼミがあるせいで出られないテレビ番組、引き受けられない講演はいっぱいある。タレント業に専念したほうが、収入は確実に増える。だが私は、そこまでがっついて収入を増やしたいとは思っていない。

大教室の学生は何百人もいる。一方、一人ひとりと至近距離で話をしながらつきあうゼミ生には、大教室では感じられない特別な情が移るものだ。大学がクビにしてくれれば踏ん切りはつくものの、自分から教授を辞め、足抜けする踏ん切りはつかない。

まわりの教員に「定年を迎えたらどうしますか」と訊いてみたところ、定年後も非常勤講師として勤務し続ける教授がけっこう多い。70歳の定年のときにゼミ生を受け入れてしまったら、非常勤講師として1年ずつ任期を延長しながら、73歳になるまで働かなければならない。そうしなければ、ゼミ生の卒業を見届けることができないからだ。

常勤の教授はそれなりの給料をもらえるが、非常勤講師の給料は信じられないほど安い。時給換算すると、アルバイトかと思うほどだ。それでもまわりの教授は「やっぱりゼミ生は放り出せないよね」と苦笑している。私にもその気持ちはすごくよくわかる。定年になったからといって、「今日限り家族を解散します」と言って家族を放り出せるわけがない。

70歳の定年まであと7年あるわけだが、定年をカウントダウンしながら「ゼミ生を採るのは67歳までだ」とは言いがたい。私の性格上、おそらく情にほだされてズルズルとゼミ生を受け入れながら、73歳まで大学教員として働き続けるのだろう。

「要介護４」の自宅介護は不可能

今は私も妻もピンピンしているが、いつ父のように脳卒中で突然倒れるかは誰にもわからない。どちらかが病に倒れたり、アルツハイマーを発症した場合、自宅で老老介護をやるべきかどうか。そこはとてもシビアに考えている。

本書第1章で記したように、父は「要介護４」だった。「要介護３」までであれば、ギリギリなんとか家族の手で自宅介護が可能かもしれない。「要介護４」は、率直に言って常人には不可能だ。妻が献身的に人生を捧げてくれたから、父は長いこと自宅で暮らすことができた。だがその間、妻も私もすっかり疲れ果ててしまった。

「要介護４」の判定が出たときには、「自宅で私が面倒を見る」という思いがあるにせよ、施設に入らなければどうしようもない。

我が家はトカイナカにあるから、東京都心に比べたら介護ホームにかかる費用はだいぶ安い。法外な入居金を取られることもないし、年金と貯金の取り崩しで十分事足りる。

高齢者は介護ホームに入ってから、平均５〜６年で亡くなるケースが多いようだ。年間３００万円かかるとして、６年なら１８００万円かかる。入居10年ちょっとであれば、夫婦ともども私の貯蓄で生き延びることができる。介護施設で20年暮らすとなると、１人６０００万円かかるからさすがに我が家でも厳しい。お金が足りなくなったときは、自宅や「Ｂ宝館」を売り払ってキャッシュを補填すればよいだけのことだ。

自分の預金と資産が総額いくらあるのか。子どもが介護の面倒を見てくれるとすれば、人的負担、金銭的負担はどこまで可能なのか。人生の総仕上げの時期をどうやって過ごすのかを、それぞれの家の財政状況によって判断しよう。いずれにせよ、無計画なまま「要介護」の日を突然迎えるのだけは、くれぐれも避けていただきたい。

糖尿病で「余命半年」と宣告された日

私がテレビ朝日の報道番組『ニュースステーション』（現『報道ステーション』）のコメンテーターになったのは、２０００年のことだ。久米宏さんが司会を務め、歯に衣《きぬ》着せず言いたいことを言う高視聴率番組だった。『ニュースステーション』出演をきっかけとして、メディア出演の仕事は爆発的に増えた。

朝5時台のラジオ番組に出演するところから始まり、それから夜中の24時までずっとぶっ通しで働く。日刊紙の連載もあったから、1日に7～8本も原稿の締め切りが襲いかかってくることもあった。全盛期は連載が37本、テレビ・ラジオのレギュラーが17本あった。

それらの仕事をこなしながら、講演を年間150本やっていた。週末のたびにダブル、トリプルで講演を入れこむのは日常茶飯事だ。今振り返ると、あんな仕事のやり方をしながらよく生きていたと思う。

マネージャーがスケジュールを組んでくれるのだが、そのスケジュールは常に綱渡りだった。乗り換えの時間がたった2分しかないこともあった。けっこう深いところを走っている地下鉄から、2階を走っている山手線に2分で乗り換えるのは容易ではない。猛ダッシュでなんとかギリギリ間に合い、電車に乗りこんだ瞬間ものすごい勢いでハーハー息をつく。はたから見たら変質者寸前だったと思う。

そんな生活を乗り切るため、何年にもわたってひどい暴飲暴食をしていた。早朝からコンビニで買ったカツ丼を食べ、コカ・コーラの1・5リットル入りペットボトルをゴクゴク一気飲みする。そんな食事を1日に何回も摂る。1日6500キロカロリーは摂取していたと思う。

２００９年、私はかなり重い糖尿病だと診断された。ＨｂＡ１ｃ（ヘモグロビン・エーワンシー）は11・４（正常値は５・６未満）、血糖値は４００mg／dl（正常値は１１０mg／dl以下）もあった。医師からこう宣告された。

「このままだと３カ月以内に失明します。余命６カ月です」

ライザップＣＭ出演で稼いだ５００万円

さすがの私もまずいと思っていたのだが、そこに幸運が訪れた。テレビ番組の企画で、ライザップのＣＭ出演権を勝ち取り、ライザップ式ダイエットに挑戦することになった。死にかけている人間が、いきなり急激な食事制限と運動をするのは危険だ。だからあのときは、医師が５人もついて、厳重な医療監視の下でダイエットを行った。その結果、90キロ近くあった体重を４カ月で20キロ減らすことに成功し、ＣＭ出演も果たした。糖質制限とトレーニングによって糖尿病も克服できた。ＨｂＡ１ｃも血糖値も正常値に戻ったのだ。

ライザップのトレーニングは、その後も少しペースを落として、今でも継続している。そのおかげで、今でも体は絶好調だ。

70歳、80歳になっても現役として働き続け、妻や子どもたちに迷惑をかけないように、強い意志力によって自分自身を律していきたい。

生命保険には、60歳になるまでは入っていた。自分に万が一のことがあったとき、家族を路頭に迷わせることになってはいけない。だから60歳までは生命保険に入っていたが、すでに息子は2人とも独立して巣立った。だから今では生命保険には一切入っていない。生命保険が極めて有効なのは、500万円まで控除が認められることだ。私の場合、若いころからかけていた生命保険の一部に、300万円の終身保障が残っている。だから手持ちのキャッシュがなくなったとしても、葬式代は生命保険から出せる。借金もローンも1円も残っていない。夫婦が10年以上介護ホームで暮らせるだけの貯金もある。介護の世話にならない限りは、今の調子でどんどん仕事を入れて「生涯現役」の機運で働いて稼ぎ続ける。こういう態勢が整っているので、もはやいつ死んでも誰にも迷惑はかからない。

私が死んだときの残りキャッシュや不動産については、2人の息子が話し合って好きに使ってくれればよい。相続の手続きが面倒くさければ、相続放棄して日本国政府に献上してくれたってかまわない。「人生の仕舞い支度」がここまで完璧に整った今、我が人生には一片の悔いもないのだ。

おわりに

男63歳にして耕作放棄地を耕す

妻は、私が暴走しかかったとき、いつも適切な判断によってストップをかけてくれる。

２０１９年、埼玉県所沢市にある自宅のすぐ近くで土地が売りに出されていた。「あれ買いたいんだけど」と相談したら、けっこうな大ゲンカになった。「なんで要らないものを買うの?」と言うので「いや、要らないものじゃない。そこを畑にして耕すんだ」と答えたら「いい加減にして!」と妻がキレた。

普通はそれでおしまいだが、我が賢妻は近所の農家から耕作放棄地を借りる約束を取り付けてきてくれた。少子高齢化が進む中、日本中どこでも農家の跡継ぎは少ない。畑を耕す者がいなくて荒れ地になると、土地はたちまちやせ細ってどうしようもなくなる。何でもよいから作物を育ててくれる人がいるだけで、先祖代々の土地を保守管理できるのだ。

だから耕作放棄地は、タダで貸してもらえることが多い。私の場合はまさにそうだ。だから、妻の判断は正しかった。「ウチの近くで畑をやりたいな」と先走って、土地を買っていたら、無駄な土地代を支出するのみならず、死ぬまで固定資産税を払わなければならないところだった。

素人が畑をやっていると、その様子を見ているベテラン農家がアドバイスしてくれるのはおもしろい。里芋を植えていたら「お前何やってるんだ。里芋は種イモの上にイモができるんだぞ。そんなに浅く植えてどうするんだ」と叱られた。「ああ、そうなんですね」と言ってもう一回掘り返した。ベテラン農家が教えてくれなかったら、自家製の里芋を食べられないところだった。

千葉県印西市の農業NPOが、トマトの苗を山のように送ってきてくれた。せっかくいただいた苗を枯らすわけにはいかないから、ずっと開墾だ。体中が痛くなるほど大変だが、やりがいがある。糖尿病で死にかけた人間にとっては、農業は命をつなぐトレーニングにもなる。

都会暮らしに疲れ、趣味で畑をやりたい読者は、どうか土地なんて新しく買わないでいただきたい。耕作放棄地はどこにでも必ずある。そこをタダで借りれば、ノーリスクで週末農業を楽しめる。お金がかからず、身体も鍛えられるし楽しい。最高にオススメだ。

　コメ、トマト、ジャガイモ、サツマイモ、里芋、大根、キュウリ、ナス、トマト、枝豆、ホウレンソウ、白菜、大葉、落花生、唐辛子、スイカ――２０１９年は16種類の作物を植えた。２０２０年はそこに、パプリカ、シシトウ、大豆、インゲン、キャベツ、サニーレタス、サラダ菜、モロヘイヤ、ヤーコン芋、アスパラガス、ニラ、チンゲンサイ、ニンジン、トウモロコシ、ラディッシュ、春菊が加わった。苦労して収穫までこぎつけたときの達成感は、とても大きいのだ。

手作り野菜をもって出かけるラジオ収録

　畑をやってみるとわかるが、収穫期になるとものすごい量の作物が採れる。夏場になると、トマトやナス、キュウリなどは、採っても採っても、次から次へと実がなる。夫婦２人と義母の３人暮らしの家庭では、とても食べ切れない。自宅で食べ切れない野菜は、２人の息子やご近所さんにお裾分けする。

月曜日は文化放送で『大竹まこと　ゴールデンラジオ！』の仕事があるので、朝に収穫した野菜をもっていく。そのかなりの割合を、共演している阿佐ヶ谷姉妹がもって帰る。一人暮らしの放送作家も、うれしそうに野菜の差し入れをもらっていってくれる。トカイナカで作った野菜が東京・浜松町に運ばれ、その野菜を楽しみにしている人たちに引き取られる。素晴らしい循環だ。

　畑は基本的に１人で耕している。ただ10回に１回くらい、妻が手伝ってくれる。作物を効率的に育てるためには、マルチ（穴がポツポツ空いたビニールシート）を張ったほうが良い。妻は「１人でマルチを張るのが大変なのは、私もわかってるから」と言って、畑仕事に参戦してくれた。

　２カ所の畑を借りていて、合計すると広さは60坪くらいなのだが、それくらいの面積で、完全に私の限界を超えている。私は無農薬で野菜を作っているのだが、無農薬で野菜を作ったら膨大な手間がかかる。まずは雑草だ。除草剤を使わないから、毎日雑草を取らないといけない。特に、雨上がりは、刈ったそばから新しい雑草が生えてくるのだ。単に雑草を刈ればよいのなら、草刈り機で一掃という手もあるのだが、作物の間から生えてくるので、１本１本、丁寧に取り除かないといけない。

もう一つの敵が虫だ。せっかく種を蒔《ま》いて、芽が出たと喜んだそばから、虫が柔らかい葉を食べにくる。葉だけならまだしも、芯まで食べられると、植物は枯れてしまうのだ。

さらなる強敵は、動物だ。動物は賢い。「よしよし、もうすぐ収穫だ」という一番おいしいタイミングを、ピンポイントでねらってくる。私は基本的に動物愛護家なのだが、スイカをやられたときはものすごい殺意が生まれた。

畑を耕していると、予期せぬハプニングや事故はしょっちゅう起きる。己のちっぽけさを自覚し、自然と向き合って謙虚に生きる。こうやって人間は食と命をつなぎ、何千年、何万年にもわたって生き延びてきたのだ。

ゴルフより断然安上がりな週末農業

週末になると、早朝5時台に起きて嬉々としてゴルフに出かける人もいる。農業はゴルフよりはるかにお金がかからないし、運動量は農業のほうが段違いに多い。仕事をリタイアしたあとゴルフ三昧の生活を送る人もいるが、私にとってはゴルフよりも農業のほうがはるかに楽しい。

何が楽しいかというと、人間が手をかければかけるほど畑は応えてくれるのだ。私も借りていた昭和村の畑では、手抜きをして毎週働きに来ない人がいた。月に１回しか畑に来ない人のトマトの苗は、すぐに駄目になってしまう。ナスやキュウリにしてもトマトにしても、きちんと収穫期に採ってあげなければ次が実らない。放置しておいた実は、どんどん植物の体力を奪っていくのだ。虫がついたら丁寧に取ってあげなければいけない。

自分の努力がストレートに報われる。サボったり手を抜いたら、悲惨な結果はすぐさま目に見えるように示される。サラリーマン生活を送っていると、ここまでわかりやすい仕事はそうそうないように思う。

私はまだ初心者に毛が生えた部類だが、ベテラン農家になると、ものすごい生産性だ。苗１本から、１００～２００本はキュウリを収穫しているのではないか。綿密に管理しなければ、キュウリはまっすぐにはならない。ナスは変形してしまい、大根も二股になってしまったりする。素人が作ると８～９割が規格外なので、とてもお店には出荷できない。ところがプロ農家は、ものすごい歩留まりで出荷用のきれいな野菜を作り上げるのだ。

私が作る野菜は売り物にはならないものの、農薬を使っていないので、少なくとも安全なことは間違いない。過剰に水っぽくはなくて、口の中で噛みしめると大地の味が広がる。地に足をつけた農業の仕事は、私に生きる喜びを与えてくれる。

「B宝館」が生んだオタクコミュニティ

農業と並んで、定年後も続けようと思っている活動が、私設博物館だ。「B宝館」と名付けた私の個人博物館は、２０１４年10月にオープンした。「B級で、ビンボーで、おバカだけれど、ビューティフル」というのが、館名にBを冠した理由だ。

展示しているのは、私が50年以上にわたって集めてきたミニカーやグリコのオマケや食品パッケージ、ノベルティグッズなど60カテゴリー、12万点のコレクションだ。ちなみに東京国立博物館の所蔵が11万９８７１点なので、私のB宝館は国家レベルだ。ただ、唯一の問題は、お客があまり来ないということだ。

現在は月に1回、第一土曜日だけに開館しているのだが、お客さんの数は30人程度だ。ただ、それは一般の人が来ないからで、マニアはそれこそ「世界」からやってくる。

月1回の開館日に、一眼レフカメラを首から下げて毎回来てくれるお客さんも何人もいる。来館者同士で「おっ、今月も来たね」とコミュニティが生まれているのは非常にうれしい。

スタッフから「大変です！　お客さんが倒れています！」と言われて、ビックリして飛んでいったことがあった。その人は気を失って倒れていたのではなかった。森永製菓のチョコボールが好きすぎて、陳列ケースの下のほうに展示してあるチョコボールの箱を寝そべって凝視していたのだ。

２０２０年春に来てくれた兄弟は、開館以来初めて、「北朝鮮グッズコレクション」に興味をもってくれた。今まで全然ウケたことがないのだが、１階展示室の片隅に北朝鮮のバッジやグッズが展示してある。「おお、とうとうそこに注目してくれる人が現れたか」と、初めて心と心が通じ合った。

やくみつるさんも、有名人のタバコの吸い殻を集めて標本にしていたりと、ワケのわからないものを大量に収集しているコレクターだ。そのやくさんが、マイケル・ジャクソンが「スリラー」を歌ったときの衣装を手に入れたという。２５０万円で買ったそうだ。

マイケル・ジャクソンが初めてムーンウォークを披露したときにつけていた手袋が、アメリカのオークションで35万ドル（当時で約３１００万円）で落札されたことがある。それに比べると２５０万円は安すぎる。タグには「Ｍ」と書いてある。マイケル・ジャクソンが着ていたにしては、Ｍサイズでは小さすぎると思うのだが、やくさんは「マイケルのＭ」だと主張している。

そこでやくさんからこの衣装を借りてきて、１日だけB宝館で展示した。見に来たお客さんは30人くらいだったが、それなりに盛り上がった。

６００点の有名人サインコレクション

有名人のサインをダジャレとからめてもらうのも、私が取り組むライフワークの一つだ。ビートたけしさんのサイン入りこけし（ビートこけし）、滝川クリステルさんのサイン入りクリスタル、久本雅美さん（まちゃみ）のサイン入り抹茶、イルカさんのサインが入ったイルカの置き物、みうらじゅんさんのサイン入り「ランボルギーニ・ミウラのミニカー」、オードリーさんのサイン入り「雄鶏」（おんどり）など、「B宝館」が所蔵するサイン入りグッズは累計６００点を超える。

ホリエモン（堀江貴文さん）が長野刑務所に収監されていたとき、囚人番号は「７５５」だった。彼が刑務所時代に履いていた囚人番号入りスリッパも展示している。わかる人にはグッとくる、ツウ好みの逸品だ（ちなみにサイバーエージェントが展開するＳＮＳ「７５

5」は、彼の囚人番号にちなんでつけられた)。

みうらじゅんさんも私と同じような趣味をもっていて、「いやげ物」(用途が見つからなくて困る嫌なオミヤゲ)を大量にコレクションしている。「いやげ物は今後どうするんですか」と訊ねてみたら「そんな死んだあとのことなんて考えていない」と即答された。

一度きりの人生なのだから、悔いのないようにとにかく楽しんだほうがよい。思いつきでも何でもよいから、やりたいことがあったら、とりあえず何でも始めてしまう。うまくいかなかったら、クヨクヨせず次に別のことを始めればよい。家族や人様に迷惑をかけないように手を打ちながら、好きなことを思いきりやる。そして天寿をまっとうしたらパッタリ逝くのが理想の人生だ。

「争続」問題も「負動産」問題もきれいに片づけ、人生の総仕上げの時期には、やりたいことをやって楽しい晩年を過ごす。「あの人はやりたいことをやりきって、幸せな人生を過ごしたものだな」と呆れられながら、後顧の憂いを残さずあの世へと旅立つ。そういう者に、私はなりたいのである。

２０２０年10月

森永　卓郎

森永卓郎（もりながたくろう）

1957年7月12日、東京都目黒区生まれ。東京大学経済学部経済学科卒業。日本専売公社、日本経済研究センター、経済企画庁での勤務を経て、'91年より三和総合研究所（現・三菱UFJリサーチ＆コンサルティング）研究員。2006年より獨協大学経済学部教授を務める。専門分野はマクロ経済学、計量経済学、労働経済学、教育計画。'03年出版の『年収300万円時代を生き抜く経済学』が大ベストセラーになる。

相《そう》続《ぞく》地《じ》獄《ごく》 残《のこ》った家《か》族《ぞく》が困《こま》らない終《しゅう》活《かつ》入《にゅう》門《もん》

2021年1月30日初版1刷発行
2021年5月20日　　4刷発行

著　者 —— 森永卓郎
発行者 —— 田邉浩司
装　幀 —— アラン・チャン
印刷所 —— 萩原印刷
製本所 —— ナショナル製本
発行所 —— 株式会社光文社
東京都文京区音羽1-16-6（〒112-8011）
https://www.kobunsha.com/
電　話 —— 編集部03(5395)8289　書籍販売部03(5395)8116
業務部03(5395)8125
メール —— sinsyo@kobunsha.com

ISBN 978-4-334-04518-0

1099
山本太郎とN国党
ＳＮＳが変える民主主義
真鍋厚

彼らは本当に「ポピュリスト」と切り捨てていい存在なのか。この時代に彼らが国会で議席を得たのは偶然か。ＳＮＳ全盛時代の民主主義のあり方を問う、新しい切り口の政治論。

978-4-334-04508-1

1100
「宇宙の音楽」を聴く
指揮者の思考法
伊藤玲阿奈

時代の変化にどう柔軟に対応するか？　二〇歳を過ぎて音楽家への道を選び、ニューヨークで戦ってきた指揮者が綴る、成功と失敗の概念を超える「しなやかな思考」のつくりかた。

978-4-334-04506-7

1101
Z世代
若者はなぜインスタ・ＴｉｋＴｏｋにハマるのか？
原田曜平

「Z世代」は「ゆとり世代」と何が違うのか？　世代人口が少ないにもかかわらず、彼らの発信力・拡散力はなぜ巨大なのか？「スマホ第一世代」を若者研究の第一人者が徹底分析。

978-4-334-04507-4

1102
教養としての腕時計選び
篠田哲生

そこかしこで時刻を確認することができる時代、人は何のために腕時計を身につけるのか。成熟した大人の身だしなみ、あるいは「教養」としてとらえ直し、時計選びのセンスを高める。

978-4-334-04510-4

1103
知らないと恥をかく「性」の新常識
齋藤賢

#MeTooをはじめとした近年の様々なムーブメントの分析や、多彩なアクティビストへのインタビューなどを通じ、「性」をめぐるこの国の現在地を鮮やかに抉り出すルポ&批評。

978-4-334-04511-1

1104
警察官の出世と人事
古野まほろ

「階級」だけでは見えてこない、複雑な「警察官の出世と人事」の仕組みを、元警察官僚のミステリ作家が徹底解説。企業の人事担当者、出世が気になるビジネスパーソンも必読！

978-4-334-04512-8

1105
定年前、しなくていい5つのこと
「定年の常識」にダマされるな！

大江英樹

年金は破綻しない、地域デビューは危険、夫婦で旅行もいらない……人気経済コラムニストが「不安に駆られてしない方がいいこと」を、経験と豊富な取材に基づき、５つの分野で具体的に指南。

978-4-334-04513-5

1106
人類はふたたび月を目指す
春山純一

今、月を目指す国や民間企業が世界で続々と現れている。日本の月探査計画に携わり、「月の縦孔の発見」で世界的に知られる著者が、探査や発見をめぐるスリリングな舞台裏を綴る。

978-4-334-04514-2

1107
見るレッスン
映画史特別講義

蓮實重彦

サイレント、ドキュメンタリー、ヌーベル・バーグから現代まで１２０年を超える蓄積と向き合い、作品の最も優れた瞬間で刮目する方法を、シネフィル教授が初めて新書で指南。

978-4-334-04515-9

1108
コロナ対策
各国リーダーたちの通信簿
栗田路子　プラド夏樹
田口理穂　冨久岡ナヲ
片瀬ケイ
クローディアー真理
田中ティナ

世界が一様にパンデミックに包まれた中、各国首脳の言動には大きな違いが。そしてその違いはコロナ禍の行方も左右した。７人の海外在住ジャーナリストが綴るリーダーの素顔。

978-4-334-04516-6

1109
洋画家の美術史
ナカムラクニオ

あちこちの美術館や切手で見たことはあっても、実はよくは知らない「洋画」の世界。画家たちの波瀾万丈な一生を追いながら、作品と近代美術史の流れをわかりやすく解説する。

978-4-334-04517-3

1110
相続地獄
残った家族が困らない終活入門
森永卓郎

ある日突然ふりかかり、一歩間違えると泥沼にはまる相続問題。自身の経験をもとに、今日からできる森永流・生前整理術を伝授する新時代の「相続の教科書」。

978-4-334-04518-0

1111
がんを瞬時に破壊する 光免疫療法
身体にやさしい新治療が医療を変える
小林久隆

新しいがんの治療法が世界で注目を集めている。どのような治療法なのか？ 身体への負担や副作用は？ 転移・再発の可能性は？ アメリカ国立衛生研究所の日本人開発者が初めて綴る。

978-4-334-04519-7

1112
誤読のイタリア
ディエゴ・マルティーナ

イタリア文化を見つめる旅は、日本文化を再発見する旅だ。夏目漱石など日本文学を愛するイタリア人が、文化の「誤読」と「正読」についてユーモアを交えて綴った心温まるエッセイ。

978-4-334-04520-3

1113
平成・令和 学生たちの社会運動
SEALDs、民青、過激派、独自グループ
小林哲夫

2010年代、学生による社会運動はどのように繰り広げられたか？ かつての学生運動と何が違うのか？ SEALDsから過激派まで長期にわたる徹底取材による闘いの記録。

978-4-334-04521-0